国家出版基金项目
NATIONAL PUBLICATION FOUNDATION

唐代日人来往長安攷

张鹏一◎編著

山西出版傳媒集團
山西人民出版社

圖書在版編目(CIP)數據

唐代日人來往長安考 / 張鵬一編著．－太原：山西人民出版社，2014.12
(近代名家散佚學術著作叢刊 / 許嘉璐主編)
ISBN 978-7-203-08682-6

Ⅰ．①唐… Ⅱ．①張… Ⅲ．①日關係－國際關係史－研究－唐代 Ⅳ．①D829.313

中國版本圖書館CIP數據核字(2014)第205944號

唐代日人來往長安考

主　　編　許嘉璐
編　　著　張鵬一
責任編輯　梁晉華

出 版 者　山西出版傳媒集團·山西人民出版社
地　　址　太原市建設南路21號
郵　　編　030012
發行營銷　0351－4922220　4955996　4956039
　　　　　0351－4922127(傳真)　4956038(郵購)
E－mail　sxskcb@163.com　發行部
　　　　　sxskcb@126.com　總編室
網　　址　www.sxskcb.com

經 銷 者　山西出版傳媒集團·山西人民出版社
承 印 廠　山西出版傳媒集團·山西人民印刷有限責任公司

開　　本　700mm×970mm　1/16
印　　張　6.5
字　　數　54千字
印　　數　1—3000冊
版　　次　2014年12月　第1版
印　　次　2014年12月　第1次印刷
書　　號　ISBN 978-7-203-08682-6
定　　價　14.00圓

《近代名家散佚學術著作叢刊》編委會

出版説明

近代名家散佚學術著作叢刊選取一九四九年以後未再刊行之近代名家學術著作共一百二十册，編例如次：

一、本叢書遴選之著作在相關學術領域具有一定的代表性，在學術研究方向、方法上獨具特色。

二、爲避免重新排印時出錯，本叢書原本原貌影印出版。影印之底本皆經專家組審定，原書字體大小，排版格式均未做大的改變，原書之序言、附注皆予保留。

三、本叢書分爲八大類，以作者生卒年編次。

四、爲使叢書體例一致，本叢書前言後記均采用繁體字排版。

五、個別頁碼較少的版本，爲方便裝幀和閲讀，進行了合訂。

六、少數學術著作原書内容有個別破損之處，編者以不改變版本内容爲前提，部分進行修補，難以修復之處保留缺損原狀。

七、原版書中個别錯訛之處，皆照原樣影印，未做修改。

八、所選版本之抽印本頁碼標注，起始至所終頁碼均照原樣影印，未重新編排標注新頁碼。

由於叢書規模較大，不足之處，殷切期待方家指正。

總序／披沙瀝金，以爲鏡鑒

◇許嘉璐

多年來有一個問題始終在我腦中盤桓：爲什麽在十九世紀末到二十世紀初，在短短的幾十年裏，中國的各個學術領域竟涌現了那麽多大師級的人物？這是中國近代史上一個極爲重要的現象，我認爲，如果不能給出令人滿意的答案，我們撰寫的近代學術史將是不完整的，甚至是缺乏靈魂的。後來我知道，著名人類學家克羅伯曾提出過一個問題：爲什麽天才成群地來？看來這種現象的出現並非中國所獨有，思考其所以然的也大有人在。而在那一次世紀之交中國的情况，似乎應驗了「天才成群地來」這個令克氏久久不解的疑問。錢學森先生曾從相反的方向提出了相同的疑問：爲什麽我們這個時代出現不了杰出人才？後來人們稱這個問題爲「錢學森之謎」。

要回答這些疑問不是件容易的事。與其迅速地囫圇地探尋，不如先多了解那些讓中國近代學術（應該包括人文科學和自然科學）史上閃耀着光輝的大師們的作品和自述，從而在腦海里盡量「復原」他們所處的環境和在那種環境下的心理路徑，從中或許可以得到一些啓示。

有一點是顯然的，這就是他們雖然都已遠離塵世而去，但是他們獨立思考的品性、求知治學的真誠、困厄窮愁中對節操的堅守，恐怕是他們共同的主觀因素，一直影響到現在，而且將會永遠留存下去。

就思想界、學術界而言，二十世紀上半葉是一個新説和舊説碰撞，中學和西學融匯的大時代。那時的學人極爲重視言行操守，同時具備現代知識分子的理想信念；他們的學術研究十分純净，絶少功利因素；他們的視界開闊，以包容的心態和嚴謹的風格造就了成果的大氣與厚重。至於在客觀因素一面，他們實際是在用工業化時代的事實解説着太史公所説的名山之作「大抵聖賢發憤之所爲作」，困厄苦難使得他們「皆意有所鬱結」。這種鬱結，幾乎和個人的名利毫無牽涉，他們永遠不能釋懷的，是民族的存亡、國運的興衰、民衆的福禍和文脈的續斷。

那個時代也是近代歷史上最大規模的中西古今學術調適、創新的時期，學術方法上的交互滲透和融合、創新亦可謂「於斯爲盛」。斯時之學人是要在封閉的屋墻上鑿出窗子的勇士，是使人能够看看外部世界的第一批導夫先路者；或者可以説，他們是在「意有所鬱結」時「彷徨」和「吶喊」的「狂人」。

相對於那時的哲人們，後來者是幸運兒。現在的形勢是，近三十年來學界空前繁榮，衆多學科有了長足之進，其中很重要的一點是學界有了更新穎、更廣闊的國際視野，似乎接續上了百年前的學壇盛事。但細想想，「古」與「今」還是有差别的。其异，主要不在於世界情勢、學術進展、工具改善這些客觀存在，而在於在廣泛吸收各國優長的同時，自身文化的主體性越來越受到重視，换言之，「拿來主義」已經延長了「拿來」的程序，加上了試用、甄别、篩選、吸收、融合、成長。就我孤陋所見，在當今地球上，面向所有異質文明，努力汲取我之所缺，其範圍之大和心態之切，似乎無出中國之右者。從這個角度説，我們已經超越了前輩。但是事情還有另外一面，學術，特别是人文學科，其職業化、「沙龍化」和功利性，以及隨之而來的浮躁病却嚴重了。從這個角度説，是不是我們已經後退得够可以的了？而這是不是我們這個時代出不了大師的原因之一呢？

民國學術界的特點之一是極爲注重對傳統的反省、批判與繼承。他們對傳統文化盡最大的努力進行整理和研究。一方面，由於戰亂頻仍，民不聊生，學者們擔起了讓中華文化薪火相傳的歷史責任；另一方面，他們要通過對中國傳統文化的整理、挖掘來重振民族自信心。這一時期對傳統文化進行整理的全面而深入是前所未有的，舉凡文字學、語言學、經濟學、法學、哲學、政治制度、書法繪畫、金石學……規模之宏大，研究之精微，令人嘆爲觀止。

民國學術推動了現代學科體系的建立。在對傳統文化整理和研究的基礎上，吸收西方的文化思想和理念，推動和建立了中國現代學科體系。例如，在對語言文字和音韻學成果進行整理、研究的基礎上開始着手規範之，建立了國語學；深入研究書法、國畫，將其融入了現代美術學科；在廢除舊有學制後逐步建立起小、中、大學較完整的科目和學科體系。

民國學術也改變了傳統學術方式，建立了新的研究範式。以現代科學考古爲發端，科研的實踐和成果使中國知識界真正認識到在實驗、比較基礎上的邏輯分析對學術研究的重要，推進了中國學術的一大演變。至於我們常説的打破士大夫傳統、走出書齋到田野鄉村和市民中進行調查研究、結束了經學時代、以歷史眼光檢視儒學和諸子等等，都是確立新學術範式的努力。這一轉變，也標誌着中國學術界脱胎換骨，全面進入了現代，爲此後的學術發展奠定了堅實的基礎。當然，西方啓蒙運動以來，在「現代性」和「現代化」裏潛伏着的缺陷和謬誤也傳到了中國，這些不能不在前哲的著作裏留下痕迹。這並不奇怪。類似的情况，古往今來孰能免之？猶如今天的我們，誰敢自稱我之所見就是永恒的真理？在這個問題上兩個時代所異者，或許就在昔時大家創立新説或譯註西學著作，往往是懷着對學術和前哲的敬畏而爲之，故而常常誤不在我；當今則往往出於對學問和他人的輕蔑，或以所研究的對象爲謀己的工具，因而難辭主觀之咎吧。翻閱他們的心血之作，這些復雜的狀況可以顯見，可以視之爲我們的一面鏡子。

滄海桑田，世事變幻，歷史的動盪和時代的遮蔽，使當年許多大師的一些極有價值的學術著作被棄於故紙堆中，不能不令人有遺珠之憾。爲此，山西人民出版社不惜以數年之艱辛，披沙瀝金，編輯出版這套近代名家散佚學術著作叢刊，凡一百二十册，計文學、史學、政治與法律、美學與文藝理論、民族風俗、宗教與哲學、經濟、語言文獻共八大類别。所選皆爲作者之純學術著作，無論是其見解、精神，抑或是其時代烙印，都是後輩學人可資借鑒的寶貴財富。他們出版這套叢書，意在讓世人不忘來程，知篳路藍縷之不易，爲民族文化的傳承再增薪木。

出版社的初衷，與我近年來所思所慮近似，故願略述淺見於書端，以與策劃者、編輯者和讀者共勉。

二〇一四年七月六日

改定於自安東回京途中

前言

◇汪高鑫

中國近代的歷史，交織着多重矛盾。有傳統社會所具有的階級矛盾，有因帝國主義入侵而激化的民族矛盾，還有新舊思想觀念的矛盾，等等。正是社會矛盾的激盪，促進了近代社會的運動、嬗變與轉型，帶動了社會各種思潮的不斷涌現，進而引發了各種史學思潮的興起和近代史學的發展。一言以蔽之，近代中國史學與史學思想的發展變化，與近代中國社會的變遷是休戚相關的。

民國時期的社會變遷與轉型，直接促成了民國史學的發展和史學觀念的改變以及史學方法的創新。縱觀民國時期社會變遷與史學的發展，大致可以劃分爲兩個時期，第一個時期從一九一二年民國成立到一九三七年抗戰爆發，第二個時期從一九三七年抗戰爆發到一九四九年新中國成立。

第一個時期，中國社會的變遷大致經歷了從中華民國建立到北洋軍閥統治、從五四運動的爆發到兩次國内革命戰争兩個階段。與此相對應，民國史學的發展也緊隨時代變化，明顯呈現出時代特徵。

在第一個階段，中國爆發了辛亥革命，結束了兩千多年的帝制統治，建立了資産階級民主共和體制的中華民國，然而資産階級臨時政府的權力很快又落入到袁世凱北洋軍閥手裏，中國政治進入了北洋軍閥黑暗統治時期。以梁啓超爲代表的一些早期提倡新史學的史家，因爲對袁世凱政府抱有幻想，而參加了北洋軍閥政府，由於忙於事務性的工作，早前由他們發動的資産階級新史學工作因此被耽擱了。這一時期新史學流派的歷史研究没有取得什麽實質性的成果。

北洋軍閥政府的獨裁統治與尊孔復古，激起了全社會的反抗，隨着維護資産階級民主共和的護國運動和護法運動的相繼開展，思想文化領域反對尊孔復古的新文化運動也於一九一五年開始廣泛開展起來，「民主」與「科學」便是這一運動所打出的旗幟。與此同時，大概自一九一六年以後，隨着一些留美、日、歐學生先後歸國，帶來了各種資産階級新思想。一時間，各種西方新學説不斷涌入，如英國羅素的社會改良主義、法國柏格森的生命哲學、德國李凱爾特的新康德主義、美國杜威的實用主義、馬克思主義，如此等等，當時中國的思想界可謂非常活躍。這些新學説、新思想的涌入，大大激發了這一時期中國史學家們的史學思想與歷史研究，各種新的史學研究方法得到介紹和提倡，史學出現了新的氣象。

從新文化運動到一九一九年五四運動時期，史學的代表人物主要有胡適、王國維、李大釗等人。胡適一九一七年留美回國後，很快成爲新文化運動的代表人物之一。在治學方法上，他將美國學者杜威的實驗主義運用到史學研究當中，於一九一九年提出了「大膽的假設，小心的求證」的治史方法和「整理國故，再造文明」的口號，發表了中國哲學史大綱這一以實驗主義研究中國歷史的示範之作，由此開啓了近代中國實證主義史學。王國維一九一六年留日歸國後，致力於甲骨文、今文和古器物考釋等的研究，一九一七年寫成的殷卜辭中所見先公先王考、殷周制度論，是考古學與歷史學相結合的開創性的研究成果。胡適與王國維等人的史學研究與方法，開創了近代中國史學研究的新範式。李大釗是近代中國第一個傳播馬克思主義的史學家。他於一九一六年留日歸國後，便積極投身於新文化運動中。當年發表了長文民彝與政治，從學理上論述如何根除帝制獨裁問題；次年發表了自然的倫理觀與孔子，對北洋軍閥政府尊孔復古進行抨擊；一九一九年在新青年上發表了我的馬克思主義觀，開始係統介紹馬克思主義史學理論，由此奠基了中國馬克思主義歷史觀。

第二個階段，爲中國兩次國内革命戰争時期。第一次國共合作北伐，取得了反對北洋軍閥統治的勝利；第二次國共内戰，其間日本帝國主義不斷擴大侵華，民族危機日益加重。盡管這一時期的中國戰亂不已，國家還面臨着嚴重的民族危機，卻是民國史學大發展時期；而造就這種大發展的原因，既有五四新學術思想的持續爆發的因素，也與二十世紀二三十年代社會變遷密不可分。

二十世紀二三十年代民國史學的大發展，突出表現在新歷史考證學上，這顯然是對五四時期開啓的實證史學的繼續和發展。一九一九年底，胡適發起「整理國故」運動，從歷史學的角度提出「整理國故」的步驟與方法，繼續宣揚他的所謂學術求真。胡適認爲，「整理國故」的目的在於學術求真，並非現實致用，並提出了「整理國故」的四個具體步驟：第一步是條理係統的整理，第二步是尋出每種學術思想發生原因和效果，第三步是要用科學的方法做精確的考證，第四步是綜合前三步的研究還他一個本來面目。應該説胡適的「整理國故」對於歷史研究有着方法論的意義。受胡適疑古實證思想影響的顧頡剛，在史學上的突出成就和影響，是提出「層累地造成的中國古史」的觀點，以及創辦古史辨，推動中國古史的研究。顧頡剛古史辨的具體成就，除去提出「層累地造成的中國古史」的命題，還揭示了三皇五帝古史係統由神話傳説層累造成，打破了民族出於一元和地域向來一統的傳統説法，以及對古書著作時代的大量考訂。顧頡剛的治史宗旨，用他自己的話來説，就是「只當問真不真，不當問用不用」（注一）。傅斯年曾經留學德國，深受西方蘭克「史料即史學」的實證主義影響。一九二八年創辦中央研究院歷史語言研究所，大力宣揚蘭克史學思想。按照傅斯年的説法，「學問之道，全在求是」（注二），一分材料只能説一分話，史學便是史料學。王國維在這一時期的歷史考證涉獵廣博，於漢晋木簡研究有流沙墜簡考釋、墜簡考釋補證和簡牘檢署考，於敦煌寫卷研究有與羅振玉合編的敦煌石室遺書，於甲骨文等古文字研究貢獻尤大。在治史方法與理論上，王國維的

「二重證據法」之「古史新證」理論，對於民國史學的影響極大。陳垣這一時期的治史集中於宗教史和文獻學。於宗教史上，從一九一七年至一九二三年，他先後發表了元也里可温考、開封一賜樂業教考、火祆教入中國考和摩尼教入中國考，合稱「古教四考」；於文獻學上，他對目録學、年代學、史諱學和校勘學等領域多有建樹。陳垣治史以重史源、講類例爲其特點。以上史家雖然治學方法與特點不盡相同，但都以考證見長。

這一時期「新史學」史家的史學研究與方法也取得了一定的成就。梁啓超這一時期的史學研究可謂多産，從一九二〇年至一九二七年，先後發表清代學術概論、先秦政治思想、中國歷史研究法及補編、中國近三百年學術史和古書真僞及其年代等，治史重點在學術史與方法論。與當年發起「新史學」相比，梁氏這一時期的史學研究呈現出廣疏多變的特點。何炳松在「新史學」思潮中可謂獨樹一幟，他於二十世紀二三十年代中國史學界的最大影響，便是對魯濱遜新史學的介紹和評論。何炳松係統闡發了「新史學」的「綜合史觀」，主張歷史研究要反映人類活動的全部，史學研究的方法應該多元化，如統計學的方法、生物學的方法等等，要綜合利用各種學科的成果特别是新學科的進展開展歷史的研究，並表達了對於歷史學的意義、價值和發展前景的看法。

與此同時，這一時期的馬克思主義史家對歷史學的研究繼續做出了貢獻。一九二四年，李大釗出版史學要論，運用唯物史觀對歷史、歷史學、歷史學的係統、史學在科學中的地位、史學與其他相關學科之間的關係、現代史學的研究及於人生態度的影響等史學基本理論問題作了闡述。一九二七年大革命失敗後，一些關注中國前途與命運的學者受到困惑，於是一場關於中國社會性質的大論戰逐漸開展起來。馬克思主義史家積極參與其中，郭沫若便是其中的杰出代表。一九三〇年，郭沫若出版了中國古代社會研究一書，這是民國時期中國第一部運用唯物史觀分析、解剖中國古代社會的著作。該書以物質資料生産方式的發展和變革來解釋中國古代社會歷史發展的全過程，論證中國歷史發展與世界歷史發展的共同性，對中國古史分期提出了自己獨創性的看法。參與社會史大論戰的馬克思主義史學家還有呂振羽、何幹之、翦伯贊、侯外廬、鄧拓等人。但總體來看，與歷史考證學派相比，這一時期的「新史學」派和馬克思主義史學派並不佔據主流。

第二個時期，中國經歷了抗日戰爭和解放戰爭，民國史學在這個時期的表現有兩個顯著特點：其一是緊緊服務於抗戰的需要而出現的抗戰史學；其二是馬克思主義史學得到了迅速發展，逐漸形成自己的革命史學體係。

抗日戰爭的爆發，引起了中國史學界巨大的震撼。面對中華民族出現前所未有的嚴重危機，在第一時期佔據史學主流地位的新考證學派史家，他們過去那種一味重視學術求真，而不講究學術致用的治史價值取向，在這時發生了重大改變，開始以史學積極服務於抗戰。早在九一八事變以後，面對中華民族的危機，顧頡剛、傅斯年、陳垣等考證學派史家就開始拿起自己的史筆，積極投身於抗日救亡的時代大潮中。顧頡剛一九三四年創辦禹貢半月刊，開始高舉愛國主義的民族主義旗幟。之所以要以「禹貢」爲刊名，按照顧頡剛的説法，是「今日談起禹域，都會想起『華夏之不可侮與國土之不可裂』」（注三）。很顯然，禹貢半月刊的宗旨，便是要通過對於邊疆歷史地理的研究，激發全民族抵抗日本帝國主義侵略的熱情與決心，以達到維護祖國領土完整的目的。傅斯年在九一八事變後，出版了東北史綱，以大量史實論證東北自古以來就是中國的固有領土，對日本帝國主義御用歷史學家的種種歪曲史實的謬論予以駁斥。全面抗戰爆發後，傅斯年又寫了中國民族革命史一書，雖然是未完稿，卻已經表達了他的民族思想。該書以歷史爲依據，充分論證了中華民族的同一性、整體性和不可分割性，因此，在面對日本帝國主義侵略中國的嚴重危機的緊要關頭，中華民族應該團結起來共同禦侮，要發揚中華民族百折不撓的精神，樹立起中華民族抗戰的必勝信心。陳垣在新中國成立後給友人的書信中講到了九一八事變後他的治史取向的轉變：「九一八以前，爲同學講嘉定錢氏之學；九一八以後，世變日亟，乃改顧氏日知録，注意事功，以爲經世之學在是矣。」（注四）抗戰爆發後，陳垣當時身陷淪陷區，卻堅持以史學爲抗戰服務，其中最具代表性的史著便是「宗教三書」和通鑑胡注表微。所謂「宗教三書」，是指明季滇黔佛教考、清初僧諍記和南宋初河北新道教考，雖然講的是宗教，卻表現了愛國的民族情操。明季滇黔佛教考是表彰明末遺民的愛國精神與民族氣節；清初僧諍記是通過宗教史的研究，來揭露變節者，抨擊賣國求榮的漢奸；南宋初河北新道教考也是用以表彰抗節不仕之遺民。通鑑胡注表微是陳垣最具代表性的史學著作，也是一部關注現實的史著，書中表現出了陳垣對歷史前途和民族命運的思考。錢穆在抗戰時期的史學研究，愛國的民族主義色彩也非常濃厚。一九三七年，錢穆寫成了與梁啓超同名史著中國近三百年學術史。該書以思想文化爲基礎和綫索，以學術傳承爲核心，通過史實證明中國傳統文化的優越性，旨在提醒國人要重視挖掘中國傳統文化的長處和價值，持守中國傳統文化的精神，保持一種民族的自信心。毫無疑問，這種民族自信對於全民族團結抗戰是非常必要的。一九四〇年，錢穆多年國史教學講義國史大綱出版。該書以「國史」作稱謂，反映了作者作史的民族國家本位意識。錢穆明確指出：「治國史之第一任務，在能於國家民族之内部自身，求得其獨立精神之所在。」（注五）該書的具體内容也充分體現了這一精神，它將文化、民族與歷史三者結合起來對中國歷史加以考察，認爲這種歷史發展過程即是民族文化精神的演進過程，歷史研究的目的不僅在於弄清楚歷史的真實，更重要在於弄清楚歷史背後蘊藏的民族文化精神，從而積極地去傳承這種民族文化精神。

當然，新考證學派史家開始轉向經世致用，只是治史的價值取向發生了變化，並不等於放棄了一貫的注重考證的治史方法。相反，在民國後期，這種治史方法還得到了發展，并且取得了很多重要成果，陳寅恪的詩文箋證和「民族文化之史」的論述便是典型代表。陳寅恪屬於考證學派代表人物之一，這一時期出版的隋唐制度淵源略論稿和唐代政治史述論稿是其考證隋唐史的力作。陳寅恪對於史料的運用有自己獨到的見解，認爲史家之於史料應該善於審定，辯證地看待真僞；同時要善於利用史料，詩詞、小說，以及裨史、筆記等，都可以用做歷史研究的材料，這顯然是一種「通識」的史料觀。陳寅恪詩文箋證的治史方法，即是在這種史料觀的指導下産生的，具體做法是以歷史記載去箋證詩文，同時詩文又可用以證史、探討史事，從而開闢出了一條新的證史路徑。一九五〇年出版的元白詩箋證稿，以及晚年寫成的巨作柳如是别傳，便是運用這種方法的代表作。陳寅恪關於「民族文化之史」的論述，其基本内涵包括政治制度、社會習俗、學術思想、文學藝術。陳寅恪的歷史觀念，是要以民族文化爲根基，同時吸收外來學説，由此構建起本民族思想文化體係；而不談經濟基礎的作用，則是其歷史觀念的局限性。

這一時期的中國馬克思主義史學家，不但積極投身於抗戰史學當中，爲全民抗戰進行歷史研究，而且把歷史研究與當時的革命鬥爭相結合，逐漸形成了馬克思主義的革命史學。縱觀這一時期中國馬克思主義史學研究，主要在以下三個方面取得了顯著成就：其一是社會史研究，代表史家有吕振羽、鄧初民、侯外廬等人。吕振羽於一九四二年出版了中國社會史諸問題，該書是對二十世紀二三十年代中國社會史問題論戰的一個較爲係統的總結，正如作者在新版序言中所説，該書「反映了中國新史學在歷史科學戰綫上的鬥争過程中的若干情況，也反映了有關各派對中國史問題的基本立場、觀點、方法及其在一定時期的發展過程，可作爲中國馬克思主義史學史的參考資料」。鄧初民於一九四〇年和一九四二年分别撰寫出版了社會史簡明教程和中國社會史教程，兩書運用馬克思主義唯物史觀，分别論述了人類社會歷史的發展過程及其規律和中國社會歷史的發展過程及其規律。在中國社會史教程一書中，鄧初民指出了中國社會發展的前途是光明燦爛的，我們應該要「努最後必死之力，加以争取」。侯外廬於一九四七年出版了中國古代社會一書，內容涉及生產方式、政治結構、階級關係、國家和法以及道德起源等問題，見解頗爲深刻。總體來説，這些社會史著作可以被看作是二十世紀二三十年代社會史大論戰的總結、延續和深入。

其二是通史研究。這方面的成就尤爲突出，吕振羽的簡明中國通史、范文瀾的中國通史簡編和翦伯贊的中國史綱都是這一時期的通史名作。吕振羽於一九四一年出版簡明中國通史上册，如同其出版序言所説，該書「與從來的中國通史著作頗不同」，這種「頗不同」主要表現在它「把中國歷史作爲一個發展過程在把握」，「還盡可能照顧到中國各民族的歷史及其相互關係」。一九四八年出版下册，在跋語中作者申明該書的基本精神是「把人民歷史的面貌復現出來」。范文瀾於一九四二年出版了中國通史簡編，該書的基本精神旨在將歷史研究與中華民族的前途相結合，如同作者在上册序言中所説的，「我們要瞭解整個人類社會的前途，我們必須瞭解人類社會過去的歷史；我們要瞭解中華民族的前途，我們必須瞭解中華民族過去的歷史」。這也正是中國通史簡編撰寫的初衷。本着這樣一個目的，該書的編寫運用馬克思主義觀點，肯定勞動人民的歷史作用，重視探尋社會發展的規律，注意分析階級鬥争的本質，積極反映生産鬥争的面貌。翦伯贊於一九四三年和一九四六年分别出版了中國史綱第一、二册，該書運用馬克思主義觀點，剖析了商周社會性質以及戰國秦漢社會性質的轉變，注意將中國歷史置於世界歷史的大背景下進行考察，在研究方法上重視以考古材料與文獻資料相結合。

其三是思想史研究，代表史家有吕振羽、何幹之、侯外廬等人。吕振羽於一九三七年出版了中國政治思想史，這是我國第一部運用馬克思主義理論論述中國政治思想的著作。撰述的初衷，是針對陶希聖的同名著述，可以被視爲社會史論戰的延伸。作者解釋所謂的政治思想史，「本質上係同於社會思想史」。全書按社會性質及其發展階段，對上自商朝下至鴉片戰爭前的中國政治思想史作了係統論述。何幹之於一九三七年出版了近代中國啓蒙運動史，該書重視將思想運動和社會的經濟結構、政治形態聯係在一起來進行研究，肯定評價各種思想文化必須運用「歷史的眼光」，把思想文化放在特定的歷史環境中進行考察、分析和評價。侯外廬關於思想史的研究建樹最多，他於一九四四年出版了中國古代思想學説史，具體探討了歷史演進與思想發展、新舊範疇與思想變革、思想發展過程與時代個別學説、學派同化與學派批判、學説理想與思想術語、現實與遠景等等的關係，見解深刻；一九四五年出版了中國近世思想學説史，這是一部論述十七世紀至二十世紀中國思想學説發展史的著作，以十七世紀爲啓蒙思想期、十八世紀爲漢學運動期、十九世紀以後爲西學東漸期做劃分；一九四七年主持編寫出版了中國思想通史第一卷，該書編寫的主旨思想，作者在出版序中説，是「特在於闡明社會進化與思想變革的相应推移，人类新生與意識潛移的聯係」。

如果説五四運動以來至抗戰以前的中國馬克思主義史學的傳播主要還只是李大釗、郭沫若等少數人的努力的話，那麽隨着抗日戰爭爆發，這樣的局面得到了很大的改觀，馬克思主義史學在此後得到了迅速發展。隨着馬克思主義史學家們在史學研究各個領域的全面開展，并且取得了許多重要的研究成果，一種新的「革命史學」體係便逐漸建立起來了。這種「革命史學」爲抗日戰爭和全國解放戰爭的勝利做出了重要貢獻，成爲中國共産黨領導的中國革命事業的重要組成部分。

縱觀民國時期史學的發展，明顯呈現出以下特點：首先是階段性。民國史學如同民國社會一樣，處在不斷的嬗變當中，故而呈現出明顯的階段性特點。這種階段性，大致可以分爲民國建立前後從傳統史學向新史學的轉變，五四時期及此後新史學向考證史學（廣義而言考證史學也屬於新史學）的轉變，抗戰時期考證史學向經世史學的轉變，從抗戰到解放戰爭時期，馬克思主義革命史學迅速發展。

其次是經世性。民國史學的嬗變，呈現出階段性特點，又是與史學發揮其經世功能緊密相連的。五四新考證學派史學雖然標榜自己的學問「只當問真不真，不當問用不用」，其實他們的考證史學是與五四新文化運動提倡的科學精神分不開的。新考證史學雖然有傳承乾嘉治史方法的因素，更有學習西方，希望建立科學的史學的願望所在。正如顧頡剛所説的，「五四運動以後，西洋的科學的治史方法，才真正傳入，於是中國才有科學的史學可言」（注六）。這種科學的史學，與當時建立科學、民主的中國的社會訴求是相一致的，其實也是具有經世的内蕴於其中的。抗戰時期，包括實證主義和馬克思主義等在内的史家都積極投身於宣傳民族文化當中，則是與當時的救亡圖存聯係在一起的，這種史學經世直面社會問題、直面民族危機，其方式當然更加直截了當。毫無疑問，民國史學在其不同階段，整體上都没有脱離經世的主旨，這也是中國史學的優良傳統。

再次是流派多。這一時期的史學流派可謂异彩紛呈，有新史學派、國粹派、新考證學派、馬克思主義學派等等。每一學派下面又可具體劃分出具有不同特點的派別，如新考證學派雖然都以考證見長，但他們的學術風格還是不盡相同的，據此又可細劃出以胡適爲代表的實證派、顧頡剛爲代表的古史辨派、傅斯年爲代表的史料學派、王國維爲代表的考古派等等。一些學者根據各自不同的標準，對民國史學流派作了不同的劃分，如有信古派、疑古派與釋古派之分，有傳統派、革新派與科學派之分，有考據學派、唯物史觀派和理學派之分，有掌故派、社會學派之分，如此等等，不一而足。

總體來看，民國史學影響最大者，莫過於新考證學派和馬克思主義學派，抗戰以前以新考證學派最盛，抗戰以後馬克思主義學派得到迅速發展。這些史學流派的史學理論與方法，迄今依然成爲我們歷史研究的重要範式。

近代名家散佚學術著作叢刊選取了一九四九年以後未再出版的十六部民國時期的史學著作進行重刊，它們分别是朱謙之的扶桑國考證、魏應麒的中國史學史、衛聚賢的中國考古小史、陳伯瀛的中國田制叢考、謝國楨的清初流人開發東北史、張鵬一的唐代日人來往長安考、鍾歆的揚子江水利考、梁盛志的漢學東漸叢考、顧頡剛、楊尚奎的三皇考、陶棟的歷代建元考、陳述的契丹史論證稿、陳寶泉的中國近代學制變遷史、陳里特的中國海外移民史、鄭鶴聲的史漢研究、章中如的清代考試制度資料和郭伯恭的永樂大典考。之所以重刊這批史學著作，是看到了它們在今天依然有其學術價值所在。作爲一份豐厚的史學遺産，值得我們去加以發掘和繼承。

從所選十六部史學作品來看，明顯打上了民國史學的時代烙印，體現了民國史學的時代特徵。首先，研究内容涉獵廣博。涉獵廣博，是民國史學的基本特點，反映了民國史家學術視野的開闊。選擇重刊的雖然只有十六部史著，涵蓋面卻非常廣博，有史學史方面的，如中國史學史、史漢研究；有學術史方面的，如漢學東漸叢考、永樂大典考；有教育史方面的，如中國近代學制變遷史、清代考試制度資料；有經濟史方面的，如中國田制叢考、揚子江水利考、清初流人開發東北史；有考古史方面的，如中國考古小史；有民族史方面的，如契丹史論證稿；有中外交往史方面的，如扶桑國考證、唐代日人來往長安考、中國海外移民史；還有名號、年號史方面的，如三皇考、歷代建元考等。這樣的全方位的歷史研究，是民國史學的一個縮影。

其次，治學方法重視考證。重視考證，是民國史學的顯著特點。在十六部史著中，除去魏應麒的中國史學史、衛聚賢的中國考古小史、陳寶泉的中國近代學制變遷史、陳里特的中國海外移民史、鄭鶴聲的史漢研究和章中如的清代考試制度資料等六部外，其他十部都是考史著作。涉及的考證領域很廣，有國名、田制、開發、交通、水利、學術、名號和學制等等。在具體考證上，重視方法的運用。如朱謙之的扶桑國考證，按照作者自己在自序中所説，該書是「從文獻學、民俗學、考古學三方面的史料搜集和批評的結果」，這裏既是講史料搜集問題，也是講歷史考證方法。又如陳伯瀛的中國田制叢考，作者也在自序中交代了其作史、考史方法：首在網羅放失，整輯舊聞；次在探究原本；三則覆核名實；四則辨正事蹟；五則鑒古度今。可見該書對廣占資料、辨證核實的重視。

再次，治學宗旨强調致用。經世致用，是民國史學的重要特點，抗戰以後的史學表現尤其突出。所選十六部史著，也體現了重視經世致用的特點。如陳伯瀛之所以要撰述中國田制叢考，按照作者的解説，是因爲田制與農人、社會和國家休戚相關。該書「敍引」就説，田制影響農人生計，農人生計又會影響到社會秩序與和平。又如鍾歆的揚子江水利考，作者在該書「敍言」中論述了撰述該書的原因：一方面民國以前揚子江鮮有水患，所以過去這方面的論著很少；另一方面民國以來的數十年間，揚子江水患頻發，國家需要計劃治理，而治理水災，就必須要先瞭解水文歷史。很顯然，該書是爲了治理揚子江水患的需要而撰寫的，經世意圖非常明顯。再如陳寶泉作中國近代學制變遷史，其實是藴含了作者教育救國的思想於其中的。在該書自序中，作者明確指出學制與人才問題關係到國家興亡的根本。他有感於當時各國教育制度的日新月異，而中國卻没有關於教育制度的專書作比較，致使切合國情的新的教育一時無由發現。他撰寫該書的目的，便是希望通過總結近代中國學制的變遷，找尋出一種更加適合當時中國需要的新的學制。

最後，歷史見解精辟獨到。如朱謙之扶桑國考證考證扶桑國爲何處，這是對當時世界史學界討論的一個熱點問題的積極回應。自從一七六一年法國人歧尼（De Guignes）發表中國人之美洲海岸航行及住居亞洲遠東之幾個民族的研究，提出扶桑爲美洲墨西哥説以來，引起了世界史學界的長期大討論，基本觀點無非有肯定與否定兩種，否定中又有扶桑國爲日本和樺太的不同説法。朱謙之依據文獻、民俗和考古資料，比較了世界史學界諸説的異同和存在的問題，得出了扶桑即美洲墨西哥的結論，不但駁斥了扶桑非美洲説的觀點，而且對美洲説也作了補充論證，更有説服力。又如魏應麒的中國史學史的問世，按照作者的説法，是「前無作者」的史著，卻表現得非常成熟。該書對中國史學的特質與價值、史籍的位置與類別、史館建置與職守、史學發展之情形、史書體裁之發展、史學理論與方法之運用等等，都提出了自己的見解，即使在今天，也不失爲有創見的反映中國史學史的著作。又如顧頡剛、楊尚奎的三皇考，這是民國考證派史學的代表作之一。在該書中，作者對「皇」、「三皇」、「太一」等相關概念作了係統闡釋，對三皇説與太一説的消長及其相互關係進行了論述，對與三皇相關的伏羲、盤古、女媧等古聖王的地位變化作了考察，對三皇、太一在道教中的地位作了説明，對歷史上關於三皇的信仰與祭祀情況作了梳理，并且旁及河圖洛書、三墳五典等等內容。這樣一個係統的考察，旨在論證「三皇」傳説只是托古改制的產物，認爲民族自信力應該建立在理性上，而不是虛假的三皇上。書中闡發的觀點，在當時史學界有很大的影響。應該説所選十六部史著，都是作者的心得之作，這裏不一一贅言。

挖掘、清理和總結民國史學，對於我們全面認識和係統借鑒民國史學，推動新時期中國史學與史學思想的發展是很有裨益的。借此對主持重刊工作的山西人民出版社表達一個史學工作者的由衷敬意！

二〇一四年五月於北京師大京師園

注一　當代中國史學，遼寧教育出版社一九九八年版，第一百五十三頁

注二　史料論略及其他，遼寧教育出版社一九九七年版，第二百頁

注三　禹貢四卷十期，禹貢學會募集基金啓事

注四　陳智超陳垣來往書信集，上海古籍出版社一九九〇年版，第二百一十六頁

注五　國史大綱，商務印書館一九九四年版，第十一頁

注六　當代中國史學，遼寧教育出版社一九九八年版，第二頁

作者簡介

張鵬一（一八六七年—一九四三年），字扶萬，號在山主人，晚年號一翁、一叟，筆名樹叟。祖籍山西曲沃，生于陝西富平，遂以富平爲籍。光緒二十七年（一九〇一年）春遷居西安，從事古代經典及史籍文獻的考據研究。他生前勤奮治學，著作甚豐，已刊的著述近二十種，文章多篇，未刊印的著作有近四十種，是研究中國古代傳統文化及近代歷史非常珍貴的資料。

唐代日人來往長安考叙言

一　叙言

日本近六十年來。以强國聞於世界。溯其成功。由於明治維新。政治法律。軍備製造。教育經濟。歷法醫術。一切經國利民之事業。無不效法西歐。因以成一時之雄。雖然此其近因也。若其遠因。則在一千二百年以前。日本朝貢唐國。效法唐朝。遣使留學。儒經佛法。典章禮樂。文字藝術。無一不取之唐代。以成大化時之唐化維新。有此兩因。前接後繼。國勢開拓。赫然著名於亞洲。此固載之中日歷史。人人所知也。然大化維新之盛。既得之唐代。唐都長安。今所謂西京。都會猶在。當時日本使臣學生。來往其間。如朝見之含元殿。賜宴之麟德殿。授館之鴻臚寺。留學之六學館。求法之慈恩青龍寺。遺跡依然。吾人憑弔古今。感歎盛衰。唐代在一千二百年以前。光華燦爛。日本於此時。不憚海波飄颻萬里。如此其懇摯。此則長安爲可紀念之古蹟。而日本當時來往諸人。爲不可不知之人物。惟唐時日使來長安。各書記載不一。今取新舊唐書宋史日本傳。參考黃遵憲氏日本國志。日人木宮氏中日交通史（下稱交通史）唐代篇。近人譯著日本史書。並他書有關此事者。偏爲搜羅。各書記此事。以交通史較詳云。日本遣唐使自舒明天皇二年。（西曆六三〇年）至宇多寬平六年。（西曆八九四年）九月止。前後共十九次。除迎送使有四次外。遣唐使只十五次。今考唐書。有宣宗朝。日王子來共二次。交通史不載。今補正。別爲來往表以便檢查，然以唐書日本傳咸亨元年。遣使賀平高麗例之。唐代平四夷。如突厥高昌。平內亂如安史淮蔡澤潞。復隴右河湟。日本皆當有使臣之賀。其來長安。爲數必多。今不能詳時

丙子歲六月端陽後之三日也。

唐代日人往來長安考目次

唐代日人往來長安考

壹翁 著

一 日使來長安之前提須知

唐代日本遣使長安。有二事須先知者。一須知當時長安。備各種文物。二須知當時日本遠涉海洋之不易。長安文物。以建築言之。宮殿有西內東內南內之堂皇。官司有六省一臺九寺四監十六衛之整肅。京城有一百十坊兩市之排列。寺觀有一百一十之設置。（據韋述兩京記）水池有昆明曲江興慶龍首凝碧魚藻之瀦蓄。渠道有龍渠黃渠永安清明漕渠之灌注。此其建設輝皇。可以動各國之觀瞻者一也。文武人才。歷歷可數。房杜姚宋張九齡崔祐甫杜黃裳裴度李德裕之相業。李靖李勣侯君集張仁愿蘇定方裴行儉劉仁軌王玄策郭子儀李臨淮李晟渾瑊二馬之英武。名重當時矣。經學如孔穎達陸德明馬嘉運張玄度張參。史學如劉子元元行沖吳兢柳芳張薦。文章如韓愈李翺。詩歌如李杜高岑元白。繪畫如吳道玄楊延光陳靜眼李果奴邊鸞韓幹畢宏韋偃。書法如虞褚歐薛二李顏柳。佛法如玄奘道宣神秀普寂義福一行萬回。道士則法善張果。無不冠絕一時馳譽後世。此可以震各國之耳目者二也。

至日本方面。以往來不易。有種種事實。海程萬里。波濤險惡。遇風壞船。有沈溺之患。蠻島漂流。有殘殺之酷。至海船中飲食疾病死亡之苦。交通史引僧圓仁途中記云。主水司以水倉水充船上人。官人已下。每人日二升。傔從已下。水手以上。日每人一升半。後改食法。日每人糒一升。水一升。是遣唐使人員。途中食乾糧生水。僅以充饑。且風雨侵陵。巨浪顛簸。有數十日數月之久者。其出行概在六七月炎熱間。途中死亡亦多。是以來華使船。有發二次三次。始得至長安者。以是之故。於未使之前。有造船使專員。於將使時也。有祈禱于伊勢大神宮。及七道諸社。於使臣有授節刀禮。有賜宴賜衣禮。行期速則數月。遲或年餘。其抵中土海岸也。明州越州外。或至閩粵。或至登萊。來既不易。歸亦仍然。是以使臣駐長安。每至二年。學生。學問僧。留學有三十餘年。二十餘年。十餘年。三四年不等。亦有仕唐不歸者。歸則學成錄用。

得任要職。須用之切。奏績之美。來不虛來。歸以實歸。此日本人之來長安。不同於新羅高麗諸國者三也。

二　隋末唐初之日本使臣學生　小野妹子福利惠明僧旻淸安惠隱廣濟玄理之來

日本國號舊稱曰倭。唐咸亨元年。始改名日本。其與中土來往。見於史書者。爲漢光武帝建武中元年。春正月辛未。東夷倭奴國王。遣使奉獻。光武賜之金印曰漢倭奴國王。曹魏時。使來中國。賜之印曰親魏倭王。（見宣和歸集古印史）晉宋齊梁時代時。假以使持節都督倭百濟新羅等六國諸軍事安東將軍倭國王。蓋其時海道易通吳越。而北方海道通元魏者。爲高麗所阻不得不然也。隋初日本漸强。大業三年日推古帝十五年。遣使朝貢。其國書自稱日出處天子。致書於日沒處天子。隋遣裴世淸報聘。日本使小野妹子送之還。以鞍作福利爲通事。而學生倭漢人直福因。奈羅譯人惠明。高向玄理。新漢人大國。學生新漢僧旻。（一作文）南淵漢人淸安。志賀漢人惠隱。新漢人廣濟。惠光。靈雲。惠雲。勝鳥養。藥惠日。十六人從。與福利留學長安。是爲日本留學長安之始。此風既開。此往彼來。歷二百餘年。至昭宗之季。唐室將亡。日本停止遣使。長安市上。無復日人之蹤矣。日本學生。既於隋季留學。至大業末年。唐兵入長安。福因等仍留長安。其後僧旻於貞觀六年（舒明日主四年）還國。玄理淸安惠隱。於貞觀十四年（舒明主十二年）還國。說詳下文。唐時外國留學。以新羅日本爲最多。招待者爲鴻臚寺。留學大抵在國學六館。唐語林三。國學舊六館。有國子館、太學館、四門館、書學館、律館、算學館、國子監都領之。太學諸生三千員。新羅日本。皆遣子入朝受學。

三　太宗朝　使臣犬上御田鍬藥師惠日之來唐使高仁表之往

太宗貞觀四年（舒明帝二年西元六三〇年）八月。日本遣犬上田耜（一作金）藥師慧日來長安。（唐書日本傳作貞觀五年遣使者入朝）帝矜其遠。詔有司毋拘歲貢。遣新州刺史高仁表往諭與王爭不平。不肯宣天子命而還。久之。更附新羅使者上書。按此爲日本通問唐代之始。然其國書題名。中史不載。日本國志卷五注。鳥羽帝元永元年。宋商人賫牒至式部。

大輔菅原在良議曰。推古天皇十六年。隋煬帝書曰皇帝問倭皇。天智天皇十年。大唐郭務悰來聘。書曰大唐帝敬問日本天皇。天武天皇元年。郭務悰來。書函題曰大唐皇帝敬問倭王。又大唐皇帝敕日本國衞尉寺少卿大分書曰。皇帝敬致書於日本國王云云。而他不聞。近人繆鳳林氏中日民族論曰。唐室國威遠被。日人使節頻繁。時各國通使。率居臣列。否則斥而不受。日人既不甘稱臣。而嚮慕華化。需求至切。又不能停使。則爲不賫表文之策。一代遣使十有九度。中日史乘不載一表。我雖列之新羅大食之下。未嘗待以鄰交。彼亦未嘗稱臣也。余按兩國往來。使臣進見。斷不能無國書以徵信。且日本在唐。朝會謁見。使臣既列新羅大食之下。則已新羅大食之比。豈能復言抗衡。鄰交志載正元帝時。唐明皇敕書。遣中臣名代還曰。敕日本國王云云。則與諸蕃同矣。中史既略。日史或諱言之也。然日本之遣唐使來長安也。以萬里風濤。險惡時有。有種種禮節。已於第一條言之。

四 太宗朝之二 僧旻靈雲之還學生惠隱凊安高向玄理之還

貞觀六年（舒明帝三年　西元六三二年）日本僧旻靈雲回國。此後十三年。貞觀十九年。爲日本孝德帝大化元年。頒興隆佛法詔。以僧旻惠雲福亮靈雲爲主持其事之人。

太宗貞觀十四年。（舒明帝十一年　西元六四〇年）日本留學生惠隱清安高向玄理從新羅使還國。繆氏日本開化論曰。惠隱等。至貞觀十九年爲日本孝德主大化元年。用唐代政治革新國政。名爲大化維新。而留學長安三十四年之玄理清安惠隱。留學二十有六年之僧旻。爲博士參與維新。其中如內臣鎌足中大兄王子等。亦皆學於清安及僧旻。有得於嶄新之知識。故其所定法制。一切淵源於唐。華夏之政法。遂以留學生之傳入。成爲日本維新之原動力，時日本之地方官。皆世襲之國造伴造以所領土地人民爲私有。領主之於人民。一切政事刑賞徵發賦課之大權。不啻土酋式之封建。大化新政之方針。首在法唐制革封建而集權中央。元年八九月。遣使畿內及諸國。檢校戶口田畝。上之朝廷。二年四月。改制四大事。曰將相諸侯村主私領之部民田莊。悉收入官。爲公地公民。改給封祿。曰定畿內境界。廢國造。置國司曰造戶籍計帳。立班田收授之法曰罷舊之賦役行田調。皆取則隋唐。而斟酌損益。其後復定冠位。制朝儀。置八省百官。改世襲之職。爲遷替之任。至天智主（唐高宗時）復設學校。定典禮。置漏刻鐘鼓。時又始制律令。天武文武諸主。迭加修正。至文武主大寶元年（唐武后長安元年）始成。謂之大寶律令。後至元正主養老二年（唐玄宗開元六年）復刊修之。凡令十卷三十篇。律十卷十二篇。日本之法制。於是大備。其後續有增改者。名曰格式。亦與律令並行。（律者法也令者制度也格者百官有司所常行之事也式者其所常守之法也）要其定名分類。內容一仿唐制。略加變化。以適國情。

五　高宗朝　吉士長丹吉士駒根麿小麿學生巨勢巨連藥冰老人　學僧道嚴道昭道福等之來

高宗永徽四年。（孝德白雉四年西元六五三年）日本遣大使吉士長丹副吉士駒來。學生巨勢巨藥冰連老人學僧道嚴道昭道通道光道勝辦正惠照僧忍智聰安達道觀義問。同行四十一人。道嚴道昭學法相宗於玄奘。宋史日本傳同。（王揖唐氏東遊紀略以道昭入唐爲顯慶四年）又一船以根麿爲大使。小麿之。學僧道福等從。船各百二十人。根麿船至薩摩竹島遭風漂沒。僅門部金等五人。抱木不死。長丹船至唐。獻琥珀。大如斗。瑪瑙如五升器。見唐書日本傳 唐代外國僧入長安求法者。入學年有限制。名籍初隸鴻臚寺。後年隸功德使。唐書職官志。崇玄署令一人。丞一人。新羅日本僧入朝學。間久不還者。編諸籍。唐僧尼道士女冠。皆隸鴻臚寺。貞元以後置左右衛功德使。總尼僧之籍。及功役。

六 高宗朝之二 河邊麿藥師惠日書麿高向玄理之來往。學生智通等之來。阪合部石布津守吉祥之來

永徽五年孝德白雉五年西元六五四年 再遣河邊麿爲大使來長安。藥師惠日爲副使書麿爲判官。高向玄理爲押使分乘兩船。取道新羅。經萊州。達長安。獻方物。高宗賜璽書。令出兵接新羅。玄理尋卒。吉士長丹等還。日帝嘉其多得圖書珍寶。授少華百位。賜姓吳氏。唐書日本傳叙此事爲永徽四年事。是年日本孝德帝卒。

顯慶三年齊明帝四年西元六五八年 勅僧智通智達等宋史日本傳顯慶三年遣僧智通入唐求法相宗 學法於僧玄奘。

顯慶四年齊明帝五年西元六五九年 遣阪合部津守。石布吉祥來長安。並携蝦夷男女二口。石布船至南海夷島。衆爲所殺。合部稻積等五人奪夷船逃至括州。吉祥船至越州

。入朝高宗於東京。高宗問蝦夷種類地名甚詳。蝦夷鬚長四尺許。珥箭於首。善射。令人戴瓠立數十步外。射悉中，因獻弓箭白鹿皮等物。唐書日本傳此事在日帝天智二年。交通史云。石布之還也。時唐援新羅。將滅百濟。扣留日使於長安。十閱日。考日僧入唐者鎌足長子定慧及道昭。智鳳。智通。智達。爲當時巨匠。

七　高宗朝之三　百濟鎮將劉仁軌與日本之往來　河內鯨之賀平高麗　日本使臣之陪禮泰山　學生土師甥之還

高宗麟德元年天智帝甲子歲西元六六四年唐百濟鎮將劉仁軌。遣朝散大夫郭務悰等。抵對馬。日本令內臣鎌足。遣僧智祥勞賜。復饗之而送歸。又二年。爲乾封元年丙寅歲劉仁軌又遣朝散大夫。沂州司馬劉德高等至日本。日帝饗賜德高等。使大友皇子見之。令小錦守大石小山阪合部石積等送還。乾封二年。丁卯歲仁軌遣熊津都督府司馬法聰等。送石積等於紫筑。法聰歸。又二年。爲總章二年。天智二年日本遣河內鯨於百濟府。賀唐平高麗。

高宗乾封元年正月戊辰。封于泰山。庚午。禪于社首。先一年爲麟德二年十月。帶方州刺史劉仁軌率新羅百濟儋羅倭四國酋長。赴泰山。天子大悅，擢爲大司憲。遷右相。封樂城縣男。見高宗紀仁軌傳。

高宗咸亨元年。（天智帝五年　西元六七〇年）日本遣使賀平高麗後。稍習夏音。惡倭名。更號日本。見唐書日本傳。按唐平高麗在總章元年九月。距此二年矣。各書不載使臣姓名。然以賀平高麗事例之。唐代日本來賀之使必多。書多不載。今推其例于此。餘詳敘言。

咸亨二年（天智帝六年　西元六七一年）仁軌使李守眞往日本。復遣郭務悰帥二千人。駕四十七船。巡視各國。達比智島。遣僧道久往告對馬國司。會日本天智帝崩。大友遣內小七位阿曇稻敷於紫筑。以喪告悰。悰弔恤盡禮。日本厚賜甲冑弓箭絹布綿等。送悰還。

上元二年（天炊帝三年　西元六七五年）仁軌伐百濟。百濟王子扶餘豐。求援於高麗。日本。仁軌兵遇日本兵於白江口。四戰皆克。焚四艘。海水爲赤。見唐書日本傳。日本史大綱。謂百濟之戰。日本兵死者有二萬七千人。然日本史以天智帝即位。提倡教育。大學生增至四百餘人。與孝德桓武。同爲日本榮譽之主。又按唐代日本通使長安。以取道新羅百濟達登州海岸。爲最便利。百濟傳。百濟南界倭。北界高麗。西界越州。皆踰海。其東新羅。百濟於魏晉時爲帶方郡。三國魏志。以帶方太守撫綏倭國。晉以後皆然。賈耽記邊州入四夷之道。最要者。二曰登州。海行入高麗渤海道。登州東北海行。至貝江口椒島。得新羅西北之長口鎭。又過秦王石橋。麻田島。鴨綠江。唐恩浦口。東南陸行至新羅王城。皆與日本接近。而百濟爲之衝。無如白江一役。扶餘忠勝既降。日本。不再修怨。以新羅有前嫌。終唐世惟前此惠隱淸安高向玄理河邊麿之還。與後此土師甥。藤原常嗣僧圓仁之還。由登州經新羅。不過四五次而已。其後無取道其間者。海道入唐。皆在越州。入江淮、揚州、汴州、以達函關。西至長安。此唐代日本人士來往長安之道也。然唐平百濟、置熊津、馬韓、東明、全漣、德安五都督府。並置帶方州。至麟德以後。其都督復廢。蓋爲新羅所並矣。

高宗調露元年。（天武帝七年西元六七九年）日本留學僧定慧道光自長安還。定慧在長安受法相宗於興唐寺。按宋敏求長安志。興唐寺在長安朱雀門街東第四街大寧坊。注云。神龍元年。太平公主爲武太后立爲罔極寺。開元二十年改爲興唐寺。明皇御容在焉。據此。高宗時無興唐寺。此記當有誤。法相宗三藏玄奘所傳也。定慧即大織冠鎌足之子。日本國志禮俗篇曰。佛教入日本也。天台始於傳教。（詳下最澄）眞言始於空海。（詳下空海）此外所宗。有華嚴三論法相律宗。倶舍。成實等。華嚴爲僧朗辨傳於唐僧杜順因創立東大寺。故東大寺又名大華嚴寺。三論爲孝德帝時高麗慧觀所創。後僧道慈在大安寺衍其法。與華嚴並行。法相宗爲定慧受之於玄奘，後僧正元昉游唐學於泗州僧智周。智周玄奘之法孫也。律宗爲唐僧鑒眞於天平勝寶中所創。（說詳下鑒眞）倶舍成實。道慈律師所創。現日本有華嚴法相二宗。考釋宗傳入日本以後。佛經諸書。與之倶東。唐室亡後。歷代兵燹不已。凡中土佛典失亡。多賴日本保存。不獨經史爲然也。據近人影印續藏經啟。日本明治間藏經書院。排印明藏。復搜羅我國古德撰述之未入藏者。續成一千七百五十餘種。凡三論宗嘉祥之論。法華宗南嶽之文。法相宗慈恩淄州濮陽之書。華嚴宗賢首圭峯之作。密宗善無畏不空一行之譯著。律宗南山相部東塔之章疏。淨土宗曇鸞善導之遺編。俱舍宗普光法之傑構。與夫梁之光宅。隋之淨影。唐之法眼。宋之四明慈恩孤山靈芝之述作。昔絕迹於中土者。今皆赫然在焉。

中宗嗣聖元年。（天武帝十二年西元六六七年）日本學生土師甥。白豬寶然從新羅還。按土師甥之來。鄰交志不詳在何年。

八　武后朝　日本之用唐曆　粟田朝臣眞人　合部大分　僧道慈之來往

武后天授元年。（持統帝元年西元六七四年）日本始用唐戊寅曆。已而更用儀鳳曆。後用唐大衍曆。最後則用唐長慶宣明曆。日本國志曆法篇曰。日本曆法。推古以前。用太古曆。本太初四分三統乾象景初等法。至欽明帝時。當梁元帝承聖三年。始用百濟曆博士沿用漢曆。當隋仁壽四年。用百濟觀勒所獻曆本。乃宋何承天之元嘉曆也。後八十六年。當日帝持統四年十一月。始行戊寅元曆。兼儀鳳曆。時爲庚寅歲。唐嗣聖七年。儀鳳曆。唐所謂麟德曆也。至文武元年。專用儀鳳曆。孝謙天平寶字七年八月。廢儀鳳曆。用大衍曆。是歲癸夘。當唐廣德元年。大衍曆僧一行開元中所修也。後十七年。光仁寶龜十一年留唐錄事羽粟臣翼献寶應五紀曆。凡四十卷。唐寶應元年所作。當時以無習推步者。卒格不行。其後清和貞觀元年。渤海國大使馬孝愼獻長慶宣明曆。奏稱大唐新法。三年六月。眞野麿復奏曰。以彼新曆比較大衍五紀二經。且察天文。且參時候。二經之術。實似粗疏。令朔氣均有差誤。大唐開元以來。三改曆術。本朝天平以降猶用一經。靜思事理。似不宜然。請停舊用新。詔從之。始用長慶宣明曆。

武后長安二年。文武主大寶二年西元七〇二年日本執節大使粟田朝臣眞人。大使。副使阪合部大分布勢邑治。至長安。日本國志曰。考日本各籍。稱守民部尙書粟田眞人蓋粟田是其氏。朝臣乃姓。嵯峨帝賜其子姓爲眞人是也。粟田此時。冠進德冠。頂有華葩四披。紫袍帛帶。進止有容。武后宴之麟德殿。授司膳卿。後二年。還。賜穀一千斛田二十頃。賞其奉使絕域也。粟田事見唐書東夷傳云。開元初粟田復來朝。交通使云。粟田此後。未嘗至唐。唐書開元之粟田。乃元正朝之押使治多比縣守也。宋史日本傳云。此年粟田入唐求書籍。律師道慈求經。當長安元年。又舊書張薦傳。父鷟下筆敏捷。著述尤富。天后朝。新羅日本東夷諸國。重其文。每遣使入朝。必重出金貝以購其文。當即朝臣眞人等來朝時之事。

九　中宗朝　日本都城之仿唐長安城

中宗景龍三年。（元明后和銅二年 西元七〇九年）日本遷都奈良（即平城）仿唐長安京城。區分左右。定坊條。如長安城之有宮城。有京城。坊市之別。是爲日本有正式京城之始。今江瀨邑春日社。爲日本古建築之地。每朝開放一次。大東寺有當時大鐘。重四十噸。爲日本寶器之一。此後至光仁主。七代七十餘年。皆都此，至桓武延歷十三年。當唐貞元十年。復遷都平安。（今西京）其京城宮城街衢宮殿。仍仿唐京長安街市。自一條至九條城內分四坊坊分十六町。十四年。於朱雀門南羅生門之東西。建東寺西寺。仿長安朱雀門街東薦福興善寺。朱雀門街西之南明總持寺。較之平城京城。規模宏大矣。（說見陳譯日本歷史大綱）唐長安京城。自唐末韓建改築。僅留當時皇城。並宮城一小半。相沿至今。宮殿寺府。悉爲毀滅。今有宋呂大防氏石刻故城圖。可得其形式。

十　玄宗朝　多治比縣守阿部安麿大伴山守藤原馬養　學生阿布仲麿吉備眞備之來往　日本學生之陪禮泰山　僧元昉之來

玄宗開元四年（元正靈龜二年　西元七一六年）日本遣從四位下多治比縣守爲入唐押使。從五位下阿部安麿爲大使正六位下藤原馬養副之。大判官一人。小判官二人。錄事少錄事各二人。從八位上阿布仲麿從八位下。吉備眞備大和長岡阿豬仲麿選爲留學生。既而以大伴山守代安麿。後四年爲開元八年（養老四年）縣守等自長安還。入覲日帝。著唐所賜朝服。大和國造大和長岡素好刑名之學。從縣守質問疑義。多所發明。及歸而言法律者。皆就質焉。縣守留長安年。大抵學律學於國子監律學博士。唐書職官志國子監有律學博士三人。助教一人。掌教。八品以下。及庶人子爲生。令爲專業。兼習格式法例。先是日本於貞觀十九年。仿唐制設刑部。武后長安元年。日本定大寶律令。至是又二十年。尤汲汲於唐之律令如此。宋史日本傳。此年有僧正玄昉入朝。日本國志。佛教篇。僧正元昉學於泗州僧智周。玄奘之法孫也。惟元昉於日帝聖武時。蠱惑太后及皇后。醜行無忌。又無禮於太宰少貳藤原廣嗣妻。致廣嗣憤而謀反。實學佛法之罪人也。（見日本國志國統篇）

開元十二年。（聖武神龜元年西元七二四年）十一月壬辰。玄宗封泰山日本使者。諸藩皆從。時設朝覲之帳殿。文武百僚二王後。孔子後。諸方朝集岳牧。舉賢良及儒生文士。上賦頌者。戎狄蠻夷羌胡朝獻之國。突厥頡利發契丹奚等王。大食謝颶五天竺。十姓崑崙。日本新羅靺鞨之侍子。及使內臣之番高麗朝鮮王。百濟帶方王。十姓摩阿史那興昔可汗。三十姓左右賢王。日南西二爨齒雕題牂柯烏滸之酋長。咸在位。（見舊書玄宗記）接是時日本留學生在長安者。有吉備眞備所云侍子即其人歟。

十一　玄宗朝之二　多治比廣成中臣名代之來　僧元昉與眞備之還

開元二十年（聖武帝四年西元七三六年）日本使臣多治比廣成副使中臣名代判官平羣廣成。秦朝元。大伴首名學僧曾照玄理玄法至長安。判官錄事各四人。從先一年發日本。乘船四。是後遣使。以四船爲率。開元二十二年。使臣還日本。發自蘇州。會風作。四船飄散。廣成船至越州候風。踰年乃至。廣成在長安。易姓曰丹墀。

子孫遂稱丹墀氏。其還也。學僧元昉眞備等從。唐書。眞備在唐。請從諸儒經授。詔四門助教趙玄默即鴻臚寺爲師。獻大幅布爲贄。悉賞物貿書以歸。日本國志謂新唐書叙此事謂開元初粟田復朝云云考眞備二字日本音同眞人義誤以爲武后時來朝之粟田眞人也今從日本改正眞備留書。詳下。時有唐人袁晉卿。年十九善聲學。習爾雅文選。從廣成來。聖武令與來使等。奏唐新羅樂。擢爲音博士。遂由元蕃頭升大學頭。日本有唐樂樂器。據日本國志禮俗篇曰。日本由唐時傳授樂曲。有萬歲樂、回波樂、鳥歌、承和樂、河水樂、菩薩破、武德樂、蘭陵王、安鹽樂、三臺鹽、甘州胡、渭州慶雲樂、想夫憐、夜半樂、扶南小娘子、越天樂、林歌、孔子琴操。王昭君、折楊柳、春庭樂、柳花苑、赤白桃李花、喜春鶯、平蠻樂等。然傳其譜。不能傳其辭。樂器則唐時藤原貞敏。學琵琶於唐人劉二郎。二郎妻以女。贈以紫檀琵琶。各一面。歸爲朝廷重器。今猶存。

吉備眞備於開元四年。從多治比眞人縣守入唐國。歷十八年。至是時歸。賜姓爲吉備朝臣。眞備始作假名。名即字也。取字之偏旁以假其音。故謂之片假名。片之言偏也。如伊爲人。口爲口。波爲八。仁爲二。保爲木之類。僧空海又就草書作平假名。（說詳下）即今伊呂波是也。凡四十七字。四十七字之外。有五十母字譜。其音不出支微歌麻二韻。五十母字。相傳爲吉備眞備留學長安。其師王化言所定。化言事唐書無所見。其詳不可攷。

十二　玄宗朝之三　中臣名代之還

開元二十四年。（天平帝八年西元七三六年）中臣名代自長安還。初名代船漂至南海。艱難辛苦。僅得復至長安。明皇帝憫之。勑書遣還曰。勑日本國主。明樂美衜德。日本國志曰。（新唐書作二明樂。當從文苑英華作主作美。御德當從新唐書作衜主。明樂美衜德。即日本天皇二字譯音。蓋當時諮詢其名。而使者詭以此對也。）彼禮義之國。神靈所扶。滄溟往來。未嘗爲患。不知去歲何負幽明。丹墀眞人廣成等入朝東歸。初出江口。雲霧陡暗。所向迷方。俄造惡風。諸船漂蕩。其後一般在越州界。即眞人廣成。尋已發歸。計當至國。一船漂入南海。即朝名代。艱虞備至。性命僅存。明代未發之間。又得廣州表奏。朝臣廣成（此廣成乃判官也）漂至林邑國。既在異國。言語不通。並備劫掠。或殺或賣。言念災患所不忍聞。然則林邑諸國。比常朝貢。朕已敕安南都護令宣勅告示見在者。令其送來。待至之日。當存撫發遣。又一船不知所在。永用疚懷。或已達彼蕃。有來人可具奏。此等災變。良不可測。卿等忠信。則爾。何負神明。而使彼行人罹其凶害。想卿聞此。當用驚嗟。然天壤悠悠。各有命也。中冬甚寒。卿及百姓。並平安好。令朝臣名代還一一具遣。書指不多及。（全唐文此詔張九齡撰）按日本桑原隲藏氏之隋唐時西域人華化考。載日本聖武天皇天平八年。（七三七年）有波斯人李密醫。隨遣唐副使中代名臣至日本。唐書不載。當係唐朝遣以報聘也。附此待考。

十三　玄宗朝之四　膳大邱之來（詳下代宗朝）　藤原清河古麿之來　學生藤原刷雄等眞備之再來　仲麿之歸　僧鑒眞之往日本

天寶十二載（孝謙天平勝寶五年西元七五三年）日本大使藤原清河副使古麿。與判官主典各四人入朝長安學生藤原刷雄膳大丘行賀來。先發遣石川年足於伊勢大神宮。及畿內七道諸社奠幣。禱風也。吉備眞備亦拜使。清河古麿皆給節刀。既至長安。玄宗命仲麿接伴。賞清河之儀容。呼日本曰禮義君子國。令仲麿導觀府庫及三教殿。當爲麟德三殿又命圖清河眞備等狀貌。春正月朔。玄宗受諸蕃使朝賀於含元殿。敘新羅使東班。在大食上。清河等西班。在吐蕃下。仲麿以爲不宜班之後於新羅也。爲之請。將軍吳懷實乃引清河與新羅使易位。及還。玄宗賦詩賜之。

日下非殊俗。天中嘉會朝。朝余懷義遠。矜爾復途勞。漲海寬新月。歸帆駛夕颸。因驚彼君子。王化違昭昭。

遣鴻臚卿送至維揚。仲麿請與還。玄宗因命爲使。仲麿賦詩。有銜命將辭國。非才忝使臣。天中戀明主。海外憶慈親。等句。其將還也。從明州上舟。夜深月出。仲麿作歌。世傳爲絕唱三筑山辭是也。初。仲麿慕華不肯去。易姓名曰朝衡。唐詩作晁歷左補闕。儀王友。多所該識。在長安五十四年。與王維李白包佶儲光羲往來贈答。後擢左散騎常侍。安南都護。大歷五年卒。贈潞州大都督。按晁衡之卒。當在長安而葬地不詳。與論弓仁。泉男生。黑齒常之外籍諸人等觀矣。

王維送晁監還日本國序曰。舜覲群后。有苗不服。禹會諸侯。防風後至。動干戚之舞。興斧鉞之誅。乃貢九牧之金。始頒五瑞之玉。我開元天地大寶聖文神武應道皇帝。大道之行。先天布化乾元廣運。涵育無垠。若華爲東道之標。戴勝爲西門之候，豈甘心于邛杖。非徵貢于苞茅。亦由呼韓來朝。舍于蒲陶之館。卑彌遣使。報以蛟龍之錦。犧牲玉帛以將厚意。服食器用不寶遠物。百神受職。

五老告期。況乎戴髮含齒得不稽顙屈膝。海東國日本爲大。服聖人之訓。有君子之風。正朔本乎夏時。衣裳同乎漢制。歷歲方達。繼舊好于行人。滔天無涯。貢方物于天子。司儀加等。位在王侯之先。掌次改觀。不居蠻夷之邸。我無爾詐。爾無我虞。彼以好來。廢關弛禁。上敷文教。虛至實歸。故人民雜居。往來如市。晁司馬結髮游聖。負笈辭親問禮于老聃。學詩于子夏。魯借車馬。孔丘遂適于宗周。鄭献縞衣。季札始通于上國。名成太學。官至客卿。必齊之姜不歸娶于高國。在楚猶晉亦何獨于由余遊宦三年。願以君羹遺母。不居一國。欲其晝錦還鄉。莊舄既顯而思歸。關羽報恩而終去。于是馳首北闕。裹足東轅。篋命賜之衣。懷敬問之詔。金簡玉字傳道經于絕域之人。方鼎彝樽致分器于異姓之國。琅邪臺上。廻望龍門。碣石館前。夐然鳥逝。鯨魚噴浪則萬里倒廻。鷁首乘雲則八風却去。扶桑若薺。鬱島如萍。沃白日而簸三山。浮蒼天而呑九域。黃雀之風動地。黑蜃之氣成雲。淼不知其所之。何相思之可寄。嘻去帝鄉之故舊。謁本朝之君臣。詠七字之詩。佩兩國之印。恢我王度。諭彼蕃臣。三寸猶在。樂毅辭燕而未老。十年在外。信陵歸魏而逾尊。子其行乎。余贈言者

積水不可極。安知滄海東。九州何處遠。萬里若乘空。向國惟看日。歸帆但信風。鰲身映天黑。魚眼射波紅。鄉樹扶桑外。主人孤島中。別離方異域。音信若爲通。

趙驊送晁補闕歸日本

西掖承休澣。東隅返故林。來稱郯子學。歸是越人吟。馬上秋郊遠。舟中曙海陰。知君懷魏闕。萬里獨搖心。

包佶送日本國聘賀使晁巨卿東歸

上方生下國。東海是西鄰。九譯蕃君使。千年聖主臣。野情偏得禮。木性本含眞。錦帆乘風轉。金裝照地新。孤城開蜃閣。曉日上朱輪。早識來朝歲。塗山玉帛均。

李白哭晁卿衡（太白集原注開元初來長安留京師五十年上元中鎮南都護天寶十二載復入都王維趙驊有送晁補闕歸日本詩儲光羲有洛中遺晁校書衡詩）

日本晁卿辭帝都。征帆一片遶蓬壺。明月不歸沈碧海。白雲愁色滿蒼梧。

友人劉文典君。（字叔雅合肥人）至日本奈良弔晁衡詩。

當年唐史著鴻文。憐汝來朝讀典墳。海國有知當念我。神州多難倍思君。蒼梧嶺上沈明月。嫩草山頭對暮雲。太息而今時世異。不修政教但修軍。

（用溫飛卿韻丙子歲春日作）

時仲麿與清河同船。帆指奄美島。不知所之。清河仲麿復返長安。眞備古麿漂益久島。明年三月。至日本。獻所賜幣。以告先陵。歷代使還。皆授位階。此行更優多至二百二十三人。舵師廚人。皆得與焉。時廣陵僧鑒眞率僧尼優婆塞四十餘人。從古麿行。至薩摩。由難波至日本國都。孝謙方崇信佛。遣大納言藤原仲滿迎之河內。安宿王出羅城門迎拜。公卿逕來問法。孝謙卒至捨身。鑑眞至日本後。居十年。以代宗廣德元年五月六日圓寂。日僧傳戒律。自鑑眞始。高僧三集有鑑眞傳附後。

釋鑑眞。姓淳于氏廣陵江陽縣人也。總角俊明器度宏博。能典謁矣。隨父入大雲寺。見佛像感動夙心。因白父求出家。父奇其志。許焉。登便就智滿禪師。循其奬訓。屬天后長安元年。詔於天下度僧。乃爲息慈配住本寺。後改爲龍興。迨中宗孝和帝神龍元年。從道岸律師。受菩薩戒。景龍元年。詣長安。至二年三月二十八日。於實際寺依荊州恒律師邊得戒。雖新發意有老成風。觀光兩京。名師陶誘。三藏教法。數稔該通。動必研幾。曾無矜伐。言旋淮海。以戒律化誘鬱爲一方宗首。冰池印月。適足清明。猊座揚音。良多響答。時日本國有沙門榮叡普照等東來慕法。用補缺然。於開元年中。達於揚州。爰來請問禮眞足曰。我國在海之中。不知距齊州幾千萬里。雖有法而無傳法人。譬猶終夜。有求於幽室。非燭何見乎。願師可能輟此方之利樂。爲海東之導師乎。眞觀其所以。察其翹勤。乃問之曰。昔聞南岳思禪師。生彼爲國王。興隆佛法。是乎。又聞彼國長屋。曾造千袈裟。來施中華名德。復於衣緣繡偈云。山川異域。風月同天。寄諸佛子。共結來緣。以此思之。誠是佛法有緣之地也。默許行焉。所言長居者。則相國也。眞乃募比丘思託等一十四人。買舟至廣陵。賫經律法離岸。乃天寶二載六月也。至越州浦。止署風山。眞夜夢甚靈異。纔出洋。遇惡風濤。舟人顧其垂沒。有投棄棧香木者。聞空中聲云。勿投棄時見舳艫。各有神將介甲操杖焉。尋時風定。俄漂入蛇海。其蛇長三丈餘。色若錦文。後入魚海。魚長尺餘。飛滿空中。次一洋。純見飛鳥。集於舟背。壓之幾沒。洎出鳥海乏水。俄泊一島。池甚泓澄。人飲甘美。相次達於日本。其國王歡喜。迎入城大寺安止。初於盧遮那殿前立壇。爲國王授菩薩戒。次夫人王子等。然後敎本土有德沙門。足滿十員。度沙彌澄修等四百人。用白四羯磨法也。又有王子一品親田。捨宅造寺。號招提。施水田一百頃。自是已來。長敷律藏。受敎者多彼國號大和尙。傳戒律之始祖也。以日本天平寶字七年癸夘歲五月五日。無疾辭衆坐亡。身不傾壞。乃唐代宗廣德元年矣。春秋七十七。至今其身不施苎漆國王貴人信士。時將寶香塗之。僧思託著東征傳。詳述焉。

又按全唐詩有徐凝（睦州人元和中官至侍郎）送日本使還詩。有贈日本鑒禪師詩。當爲贈仲麿鑑眞之作。

絕國將無外。扶桑更有東。來朝逢聖日。歸去及秋風。夜泛潮廻際。晨征蒼莽中。鯨波盡水府。蜃氣壯仙宮。天眷何期遠。王文久已同。相望杳不見。釋恨托飛鴻。

故國無心渡海潮。老禪方丈倚中條。夜深雨絕松堂靜。一點山螢照寂寥。

又賈島贈楮山人歸日本釋無可送朴山人歸日本詩

按宋史日本傳。天寶中。當日本天平寶勝四年。日本遣使及僧入唐求內外經教。及傳戒。當即天寶十二載遣使之事。

又按此後天寶十四載八月。安祿山反於范陽。九月。其將孫孝哲陷長安。玄宗出走。而日本以渤海使之上奏。得先消息。桑原氏西域華化考。謂孝哲爲契丹人。續日本國史卷二。曾記其事。其人。想見唐與日本關係之切。至代宗時。以兵弓牛角之缺。請日本輸送其明證也。然唐自祿山亂後。國力凋敝。欵待外藩。遠遜于前。溫庭筠有鴻臚寺錫宴堂詩。詳叙其事。見溫氏詩集。

十四　肅代朝　高元度之來與清河同歸

肅宗乾元元年。（廢帝天平寶字三年西元七五八年）日本遣高元度同行九十九人來長安。迎前使清河歸。初、清河與仲麿同船。漂至安南後。偕清河還至驩州。復至長安。玄宗以清河爲特進秘書監更名河清。仲麿亦授職。

代宗廣德元年。（大炊帝五年西元七六三年）日本使臣高元度還國（交通史作天平寶字年五月八日歸）元度初至長安。以亂故。未朝見。肅宗遣中使勑元度曰。特進秘書監藤原河清當從請遣還。而賊徒未平。道路多阻。元度宜取南路先歸。復命郎令中謁者謝時和送至蘇州。刺史李岵爲造船供給使。越州浦陽府折衝沈維岳率九人送還。次年。日本遣藤原眞光饗維岳於太宰府。尋遣大使仲石伴爲大使。副使石上宅貢牛角於長安。

元度之還也。肅宗敕曰。禍亂以來。兵甲凋敝。欲造弓弧。切要牛角。異日還國。卿幸輸之。元度還奏。乃令東海等六道。備牛角七千八百。遣上毛廣瀨等於安藝造船四舶。尋罷石上宅。嗣以藤原田麿代之。發船。從安藝至難波江口。船膠沙而沈。乃減使人。限兩船。更令判官中臣鷹取爲使。給節刀。高麗廣山副之。並送維岳等還。阻風不能發。尋聞唐安史亂未平。乃令太府曰。大唐之亂未已。恐道途多阻。使命難通。維岳等宜安置供給。如懷土願歸者。宜給船送之。時除唐人李元環爲織部正。唐人來教樂者。又以皇甫東朝爲雅樂員外助。兼花苑司。東朝等。前從中臣名代來日本。是年。日本停儀鳳歷更用大衍曆

大歷九年（光仁寶龜五年　西元七七四年）日本尊先聖孔子爲文宣王。初天寶中。有膳大邱者。隨使者游國子監。見門題文宣王廟。問之。學生程賢。告以今上追尊先聖用王號之故。至是。大邱請用謚號。從之。日本國志學術篇曰。日本之習漢學。自應神時始。多傳之於百濟。自大寶時。益崇斯文。自京師至於邦國。莫不有學。學必藏經典。教法。有周易、尚書、周禮、儀禮、禮記、毛詩、春秋左氏傳之七經

。而孝經論語。令學者兼習。此外有算學、書學、律學、音學、（漢音 吳音）天文、陰陽、曆醫等學。釋奠國學儀式。至唐懿宗咸通元年。（清和貞觀二年冬十二月）始頒之諸道。先是播摩博士。和邇部宅繼上言。講檢唐開元禮。國子州縣。皆有釋奠式。我邦有六學式。無國學式。而國忌祈年諸祭。更用中七等式。未經頒行諸國。或准大學。或從州學。有用樂者。有不用樂者。禮制不一。都鄙無章。尊道嚴師。法宜整飾。如在之祭豈合參差。伏望蒙旣定式。永爲盛典。

十五　代宗朝之二　藤原鷹取小野石根大神末足津守國麿小野洪野之來往

唐使孫興進秦悰期之赴日本

大歷十二年。（光仁寶龜八年 西元七七七年）日本遣佐伯今毛人。爲大使。以藤原鷹取小野石根大神末足三人爲副使。判官海上三狩。小野滋野。繼人羽栗　錄事毛野大川韓國源來長安。先期拜神於春祇日山下。至攝津。今毛人以病引還。令副使持節服紫。假行使大事。抵揚州。海陵觀察使陳少游言寇亂後。驛館彫敝。得中書門下牒。限二十員進京。石根請加二十三人。許之。十三年正月元日。日使朝代宗於宣政殿。逾月。復見於延英殿。宴賞有差。四月代宗遣藤原清河之女喜娘。中使趙寶英爲押送使。六月。監使楊光耀送至維揚。秋九月。艤船各出揚子江。候風兩月。石根先與第二船入海。遭颶船壞舳艫斷爲二。石根寶英等六十三人皆溺。主神（官名）津守國麿與押送之判官等。五十餘人。攀斷艫。漂甑島。此行也。判官小野洪野第三船。人船俱完。大歷十四年。（寶龜十年）末足等還至日本國。夏四月。唐使孫興進秦衍期至日本國。遣將軍發六位以下子弟八百人。充騎隊。蝦夷二十人充儀衞。迎之城門外。入見致國書信物。日主先問天子安。及途次供奉如禮否。慰勞甚至。設饗於朝堂。贈絹三十純。右大臣大中臣清麿又延諸私第。臨行。賻贈寶英絹八十匹。綿二百純。令布勢清直甘南備清野。多治比濱成。爲送客使。後於天應元年。還國。考唐書高智周傳。智周與義興蔣子慎善。以女妻子慎之子繪。生子挺。挺二子洌。渙。皆擢進士。渙永泰初。歷鴻臚卿日本使常遺金帛不納。唯取牋一番爲書。以貽其副云。按永泰至大歷十二年。相距十一年。其間無日本使來之文。日使遺蔣渙金帛。當即鷹取石根末足三人事。

十六　德宗朝　唐使高鶴木之往日本。日使興能眞人之來　僧最澄之至天台

德宗建中元年。（寶龜十一年 西元七八〇年）唐使高鶴林至日本。日本再饗宴之。日本國志曰。上文趙寶英旣溺甚水。所謂唐使孫興進秦衍期。皆其僚屬。高鶴林亦其僚屬乃別船後至者。考此事新舊書俱不載。當時僅以中使爲押送使。日本稱有國書。恐五事不實。而其隨行官屬日本遂以大使之禮待之。蓋自高表仁至後。相去百十年。忽來使節。詫爲至榮。故迎勞饗宴。皆有加禮。

是年。日本使眞人興能來長安。宋陶穀淸異錄云。建中元年。日本使眞人興能來朝。善書札。有譯者乞得章草二幅。皆文選中詩。沙苑楊履。顯德中爲翰林編排官。言譯乃遠祖。出兩幅示余。筆法有晋人標韻。紙兩幅。一云女兒靑。微紺。一云卵品日光。白滑如鏡面。筆至上。多褪。非善書者不敢用。意惟鷄林紙似可比肩。按興能來朝唐書日本史皆失載。據日史興能即貞元十九年來朝之藤原葛野。蓋二次再來也。

貞元四年（日桓武帝延曆七年 西元七八三年）日僧最澄號傳敎大師者。奉詔入唐求天台宗、禪宗、密

教、乘教、四宗。在天台國淸寺。受天台教。又遇龍興寺順曉受灌頂密教。爲時朞年。台教之傳日本。自此始。澄入唐。歷十八年。至永貞元年。五月。隨使臣葛野還國。詳下節。最澄事又詳續高僧道邃傳。附錄於後。日本新修大藏經有最澄所編書。

一傳教大師將來台州錄一卷

二傳教大師將來越州錄一卷

三御經藏寶物聖教等目錄一卷

釋道邃。不知何許人。幽識遠悟。執志有恒。懸解眞宗。不由邪術末傳。隋智者教道。素得玄微，荆溪之門。杳難窺望。大歷中。湛然師委付止觀輔行記。得以敷揚若神驥之可以致遠也。於是同門元浩迥知畏服。不能爭長矣。貞元二十一年。日本國沙門最澄者。亦東夷卉服中剛决明敏僧也。泛溟涬。達江東。慕天台之法門。求顗師之禪决。屬邃講訓。委曲指教。澄得旨矣。乃盡繕寫一行教法東歸。慮其或問。從何而聞。得誰所印。俾防疑誤。乃造邦伯。作援證焉。時台州刺史陸淳判云。最澄闍梨。形雖異域。性實同源。特禀生知。觸類玄解。遠傳天台教旨。又遇龍象邃公。總萬行於一心。了殊塗於三觀。親承祕密。理絕名言。猶慮他方學徒。未能信受。所請印記。安可不任爲憑云。澄泛海到國。賚教法。指一山爲天台。號一寺爲國清。風行電照。斯教大行。倭僧遙尊邃爲祖師。後終於住寺焉。

貞元十一年（桓武延曆十四年 西元七七九年）日本授唐使居留不歸之沈維岳等九人官。賜姓。維岳改姓清河宿禰。授從五位下。

十七 德宗朝之二 藤原葛野石川道益菅吏清公、高階眞人、遠成、少勝雄之來往學生橘逸勢 學僧空海等之來 僧最澄永忠之還

貞元十九年。（桓武延曆二十二年 西元七八七年）冬十二月。日本使臣藤原葛野麿爲大使，（唐書譯名興能善鄰。國實所謂藤原賀能。是賀能與能。皆葛野二字譯音）。交通史云布勢清直名興能。藤原葛野名賀能。副使石川道益。判官菅吏清公高階眞人遠成笠田作。錄事山田大庭。朝野錄取等。從德宗宴於宣化殿。（當作宣政）。使臣於先一年四月出難波。遭風破船。有溺死者。因引還。此年三

月。再餞葛野等。少勝雄以善奕充使員。學生橘逸勢、學僧空海、常曉、戒明、圓仁、惟上、妙仁、丁萬雄、亦從（奝然以葛野空海之來在元和元年）秋七月發肥前田浦。途遇風。兩船漂回。八月至福州長谿縣。觀察使閻濟美。送使臣等二十三人。赴長安。其別船菅原等。已先至。因同行。將至長安。詔內使趙忠以飛龍廐細馬。迎葛野、監使劉昂傳命慰勞。次年春正月元日。日使臣預朝會。會德宗崩。葛野等。素服舉哀。三月二日。順宗即位，令內臣王國文監送葛野至明州。僧最澄永忠隨還。道益病死。六月。日使至對馬。永忠留學二十餘年。兼學音律工。其所得律呂旋宮日月圖。各二卷。律管壎等樂器。按舊唐書貞元二十一年二月壬子。日本國王並妻還蕃。賜物遣之。唐書帝紀、日本傳。皆不載。考貞元二十一年正月癸巳。德宗崩。越三日丙申。順宗即位此云三月二日順宗即位、當衍三月字。使臣還國者。爲葛野菅原等。非國王。所云妻者。或葛野同來之妻。存之待考。宋史日本傳。以葛野空海僧澄此來。當元和元年。不合。

附倭人韓志和事杜陽雜編倭國人韓志和。飛龍衛士。善雕木。作鸞鶴鵶鵲之狀。飲啄動靜。與眞無異。以關捩置腹內。發之則淩雲奮飛。可高三尺至一二百步外。方始却下。兼刻木作貓兒以捕鼠雀。飛龍使異其機巧。以事奏。上覩而悅之。志和更雕踏床高數尺。飾以金銀綵繪。謂之見龍床。置之則不見龍形。踏之則鱗鬣爪牙俱出。及始進。上以足履之。龍夭矯若得雲雨。上怖畏。令撤去。志和伏上前曰、臣愚昧驚忤聖躬。願別進薄技。以贖死罪。遂於懷中出一桐木合子。方數寸。中有蠅虎子。數不啻一二百。其形皆赤。云以丹砂啗之故也。乃分爲五隊。令舞涼州。上令召樂以舉其。曲虎子盤迴宛轉。無不中節。每遇致詞處。則隱隱如蠅聲。曲終纍纍而退。若有尊卑等級。志和臂虎子。令於上前獵蠅。數百步內。如鷂捕雀。罕有不獲。上賜以雜綵銀椀。志和出宮門。悉轉施他人。不逾年。竟不知所在。按志和來長安。年時無可考。今以趙忠飛龍廐馬迎葛野事附此。

十八　憲宗朝　高階眞人遠成學生橘逸勢學僧空海之歸

憲宗元和元年。（平城大同元年 西元八百六年）日本使者判官高階眞人遠成、學生橘逸勢、學僧空海還。遠成在長安二年除中大夫。試太子中允。

敕曰。日本國使判官正五品上。兼行鎮西府大監高階眞人遠成等。奉其君長之命。趨我會同之禮。越滄溟而萬里。獻方物於三檢。所在褒獎並賜班榮可依前件。

學生橘逸勢。善隸書，人呼爲橘秀才。空海在長安。晤靑龍寺惠果、深見器重，得密敎衣鉢。自是密敎流行日本全國。（日本國志曰唐書言逸勢空海留學肄業二十餘年今攷空海等自到長安及歸。僅二十五月日本紀稱空海於大同元年十月二十日。上新請來經等目錄表曰，謹附判官正六位上行太宰大監高階眞人遠成奉表以聞。與唐書請與俱還之語相合唐書誤以月爲年也。）前此吉備眞備。用漢字作片假名。上文已言之。自空海學長安。又就草字作平假名即今之伊呂波也。其字全本於草書。以假其音。故謂之平假名。平之言全也。自假名既作。日本於是有漢字雜假名以成文者。有專用假名以成文者。今上自官府。下至商賈。通行之文是也。

空海在長安事今節錄近人王氏東游紀略如下

空海在日本。號弘法大師。以日本光仁帝寶龜五年生。（即唐代宗大歷九年）幼通經論語經史百家之書。二十二歲。爲僧、於延歷二十三年，（唐貞元二十年）受入唐求法之特許，隨遣唐使五百數十人分乘四船。於六月一日渡華。海中遇颶風。空海一船。於八月十日至福州長溪縣之海口。遂於福州回船。由觀察使嚴濟美奏聞長安。得旨報可。十一月三日。發福州。入浙江。至杭州。遵水程經蘇州潤州。由長江至揚州。經汴州。至洛陽。入函谷關。十二月二十一日。至長樂坂。二十三日入長安。宿於宣陽坊（在朱雀門街東第三街）與先至之菅原清公等會晤。次年正月二十三日。當作德宗崩二月十日葛野大使回國。空海橘逸勢得唐許可留學。初寓西明寺。後於青龍寺謁惠果和尙。和尙爲密教第七世正嫡。唐天子之灌頂國師也。見空海大悅。謂曰。待汝永矣。空海每日詣寺受密教。讀破大日經。金剛頂經等二百餘卷。未幾。惠果謂之曰。速持兩部曼荼羅。及三藏轉付之品。歸國傳敎。遺命後。端坐入寂。空海從惠榮學。僅七閱月。門下推空海爲撰碑文。並親書之。事送宮闕。順宗召於殿壁揮毫。空海大書五行。備五體。一時公卿學士。無不贊頌。天語褒獎。有五筆和尙之稱。並賜菩提念珠。此珠今存日本京都寺中。空海原定留唐二十年。嗣以惠果遺訓屬歸。又學貲告罄。同橘逸勢於大同元年（即唐憲宗元和元年）得唐帝許可。三月離長安。四月抵越州。訪名僧。鈔經典各籍。凡文學天文美術醫學工藝等。八月至明州。遂附乘高階大使之船。於十月抵安九州之筑紫。在唐通計二週年。其所齎回之經疏法具等。並製目錄。上於朝。此目錄原件。今保存無恙。日本自此以密教爲獨立之宗教。

十九　文宗武宗朝　藤原常嗣長岑高名之來　僧圓仁之來

文宗開成二年（唐書作日本仁明帝立直開成四年西元九一三年）六月。日本使臣藤原常嗣。至長安朝見（舊書開成三年日本國貢珍珠絹）。常嗣爲前使葛野麿之子。交通史（承和元年西八三四年）日本選大使藤原常嗣。判官長岑高名。菅原善主。藤原貞敏。良岑長松。錄事山代氏益。松川貞嗣。大神宗雄。伴須賀雄。高邱百興。丹墀高主。縣主益雄。學僧圓行、常曉、戒明、義澄、圓仁、惟正好仁丁雄萬。伴始滿等從、日本國志鄰交篇。共六百五十一人。先於四年前。仁明帝承和元年。日本選材藝之士能琴棊醫卜者。隨從。以丹墀貞成爲造船使。又置臣應用官。三年四月。廷餞使臣。召正位以上。各賦詩。日主親授節刀。又親賜常嗣酒。賦詩賜之。並賚御衣御被。良拔清上。作樂奏之。名曰清上樂。復奉幣於五畿內七道名神。爲使者祈禱。贈前使臣學生藤原清河阿都仲麿等八人。往而不還者之秩位，奠幣于先陵。及常嗣到揚州，而同時起行之第一第二第四船。皆先期遭風折還。副使小野篁因常嗣爭舟。稱病不行。判官長岑高名攝副使事。小野篁又作西行謠以刺常嗣。事聞。流放于隱岐。開成四年。常嗣自長安還國。九月至日本。勅以所贈物奉於伊勢大神宮。及諸陵。設三幄于建禮門。陳唐物，令內藏寮官人。及內侍等。交易名宮市。

開成三年（日本仁明帝承和五年）僧圓仁入唐。圓仁之來。與常嗣同行。至維揚。駐開元寺。節度使李德裕善遇之。其至長安也。當在五年。據圓仁入唐求法巡禮記。入潼關到高陵。渭水闊一里許。橋闊亦爾。鎮臨渭水。在北岸上。（此數可以見唐時渭橋形勢）渭水本從土番來。（今渭水出於通渭縣圓仁此語係傳聞之誤）東流入黃河。邊橋南行五里。至三家店。佛店宿。齋後從灞橋南十五里。到滻水橋。水從終南山來入渭水。灞滻二水。向北流。水色淸。惟未聞得涇水。西行十里。到長安城東章敬寺前歇。寺在城東通化門外。從通化門外南行三里許。到春明門外。鎭國寺。西禪院宿。又云。十二月二十二日。令永昌坊（這安朱雀門街東）王惠始畫金剛界大曼荼羅四幅。六年四月十五日。晚間。傳言王惠來畫。晤議當作功錢同量定了五十貫。作五幅幀。二十八日。始畫藏當議作卷。八月二十日。春明門外。鎭國寺西禪院宿。會昌三年八月十三日。爲求歸計。投左神策軍押衙李元佐。是左中尉押衙也。敬信佛法。極有道心。本是新羅人。宅在永昌坊入門西回。第一曲傍牆南壁上，當護國寺。後牆西北角。至九月十三日。河北路（即潞字）府節度劉從簡（諫字轉音）叛。（按叛者爲劉楨乃從諫之子）路府留後院，在京左街平康坊云云。按圓仁曾于靑龍寺從僧義眞究台眞二敎。又受悉曇學於南竺三藏。日本悉曇字之傳始于圓仁。其事當在此數年中。求法記又云。會昌五年（西元八四五年）五月二十九日。離長安。六月十三日。至汴州。二十三日。渡淮。向揚州。八月十六日。到登州。方見大海登州者大唐東北地極也。臨海立州。州去海一二里許。雖是邊地。條疏僧尼。拆毀寺舍。焚經毀像。

收檢寺物。與京城無異。況就佛像上剝金。打碎銅鐵佛。稱其斤量。爲痛何如。天下銅鐵佛。金佛。有何限數。准敕盡毀滅化爲異物。按武宗毀寺禁僧尼。在是年七月。圓仁當於途中得知其事。故求法記又云長安城中。僧尼還俗已盡。准敕每寺留三綱。勘檢錢物。侍官收寺錢物已後。擬令還俗云云。諸寺見下手毀拆。章敬青龍安國三寺。通爲內園云。其語足補唐書所未詳。而求法記又云。圓仁至登州。登船後。又遭風漂回。轉入長安。

二十　宣宗朝　僧圓之還　兩王子之來

宣宗大中元年。（仁明帝十四年　西元九九二年）圓仁還至日本。按宋史日本傳。有開成會昌大中時。遣僧入唐事。當指圓仁也。圓仁入唐求法之書。存於日本新修大藏經有三種。

一釋圓仁承和五年入唐求法目錄一卷

二在唐送進錄一卷

三入唐新求聖教目錄一卷

又按唐人劉禹錫錢起林寬均有贈日本僧詩。其時當元和太和年間。林寬時代稍後。今附于此。

劉禹錫贈日本僧知藏詩。

浮杯萬里過滄溟。遍禮名山適性靈。深夜降龍潭水黑。深秋放鶴野田靑。身無彼我那懷土。心會眞如不讀經。爲問牛革學道者。幾人雄猛得寧馨。

錢起送僧歸日本詩

上國隨緣住。來途若夢行。浮天滄海遠。去世法舟輕。水月通禪寂。魚龍聽梵聲。惟憐一燈影。萬里眼中明。

林寬送人歸日本詩

滄溟西畔望。一望一心摧。地即同正朔。天敎阻往來。波翻夜作電。鯨吼晝可雷。門外人萋徑。到時花幾開。

大中二年（仁明嘉祥九年 西元九九三年）舊書是年三月。日本國王子入朝。貢方物。王子善奕。帝令待詔顧師言與之對手。（此事新書不載）明張燮東西洋考。唐時。日本王子來朝。王子善棊。勑顧師言爲對手。王子出楸玉局冷煖玉棊子。云本國之東。有集眞島。島上凝霞臺。臺上有手談池。池生玉棊子。冬溫夏冷。故謂冷煖玉。又產如楸玉。其狀類楸。琢之爲局。光潔可鑑。師言與敵手。至三十三下。勝負未分。師言汗手凝思。方敢落指。謂之鎭神頭。乃是解兩征勢也。王子瞪目縮臂。已伏不勝。迴語鴻臚曰。待詔第幾手耶。鴻臚詭對曰。第三手。師言實第一國手矣。王子曰。願見第一。曰王子勝第三。方得見第二。勝第二。方得見第一。今欲躁見第一。其可得乎。王子掩局曰。小國之一。不如大國之三。信矣。

大中七年（文德天壽元年 西元九九八年）四月日本遣王子來朝。獻寶器。及樂。帝曰。近者黃河清。今又日本來朝。朔德薄。何以堪之。因賜下寮宴。百戲以禮之。見玉海一百八引實錄。此條新舊書均不載。可同上條補宣宗本紀。

鄰交志云自日帝仁明嘉祥二年（大中二年）始有商船來太宰府以後往來日多。而使臣無聞焉。蓋日史有失載。無王子來朝之文。志又云清和帝貞觀二年。（唐懿宗咸通元年）冬十月。令用唐明皇帝御注孝經。注先是孔鄭傳注爲大學正業久著令中

二十一　宣宗朝之二　僧圓珍之來往

大中九年五月。僧圓珍來長安。圓珍先於日本仁壽三年。（即唐大中七年）七月十六日。離本國。同行者。爲丁滿船漂琉球。因便風於唐大中七年九月十四日。至福州。歷溫州。台州。於大中八年九月二十日。到越州。住開元寺。至次年。於越州都督府領過所。說明往兩京及五臺山巡禮求法。三月十九日。領得。於五月十五日入潼關。至長安住福壽寺。今寺所在無考。而日本三善淸行圓珍傳云。圓珍居長安右街崇化坊龍興寺中淨土院。當係初居之院。後移福壽也。圓珍行歷州抄。五月十八日到城。欄下崇仁坊（坊在朱雀街東）王家店。七月二十三日雇驢馱。移去東中之門。名春明門。到高家店宿。二十八日將瑜伽本出寺。（靑龍寺）歸到高家店宿。據日本現存大中年唐過所。圓珍於九年十一月。請過所。歸本貫。由萬年縣申稱。是福壽寺在左衞。圓珍傳九年十二月二十七日出長安春明門。二十八日過東渭橋櫟陽縣。同州城。渡蒲津關至舜城。爲十二月四日也。傳之日差。當以過所爲定。圓珍所領過所二紙。存日本滋賀縣園城寺。今由日本東京文化學院印行。並採內藤湖南博士桑原博士所論。爲解說一卷。其過所原式。一越州所發。橫日本尺一尺四寸四分。有越州都督府朱印三顆。一尙書省司門所發。橫日本尺二尺二分。有尙書司門之　朱印。今抄其文如下。

越州都督府

日本國內供奉　勅賜紫衣僧圓珎年肆拾叁行者　丁滿　年五拾

驢兩頭并隨身經書衣鉢等上都已來路次檢案內人貳驢兩頭(二)并經書衣鉢等得狀稱仁壽三年七月十六日離本國大中七年九月十四日到唐國福州

至八年九月廿日　到越州開元寺住聽習　今欲略往兩京及五臺山等巡禮求法　却來此聽讀　恐所在州縣鎭鋪關津堰寺不練行由　伏乞給往還過所　勘得開元寺三綱僧長泰等狀　同事須給過所者　准給者此已給訖　幸依勘過

給

大中玖年叁月拾玖日　　府　葉新

功曹參事　　史

潼關五月十五日勘入　　丞

尚書省司門

福壽寺僧圓珍年肆拾叁行者丁滿年伍拾并隨身衣道具功德等

韶廣兩浙已來關防主者　上件人貳　今月　日得萬年縣申稱　今欲歸本

貫覲省　并往諸道州府巡禮名山祖塔　恐所在關津守捉不練行由　請給

重所者　准狀勘責　狀同此　正准給符到奉行

主事　袁　參

都官員外郎判祇　　令史　戴敬悰

書令史

大中九年拾壹月　拾伍日　下

蒲關十二月四日勘出

丞　郢

圓珍號智證大師。其入唐所得諸經典。見日本新修大藏經本。今引於下。

一開元寺求得經疏記等目錄一卷

二福州溫州台州求得經律論疏記外書等目錄一卷

三靑龍寺求法目錄一卷

四日本比丘圓珍入唐求法目錄一卷

五智證大師請來目錄一卷

大中十二年（文德天安二年 西元一〇〇三年）日僧圓珍隨唐商人李延孝歸。獻經論千餘卷。藤原良房迎之。歸日都。

二十二　僖宗朝　僧宗睿之來

僖宗光啟元年。（光孝仁和元年 西元一〇二九年）宋史日本傳。是年遣僧宗睿入唐傳教。此事唐書不載。日本新修大藏經有僧宗睿書寫請求法門等目錄一卷

以後昭宗乾寧元年。（宇多寬平六年八月 西元一〇三八年）日本遣菅原道眞長谷雄入長安朝貢。道眞請曰。臣謹案僧中瓘去年附商客書。具載唐國彫弊。中瓘雖區區學僧。爲聖朝盡誠代馬越鳥。豈非習性。臣伏檢書紀聘使渡海。或不勝任。或沒於賊。能達者無幾。此中瓘所憂也。臣伏願以中瓘狀遍下公卿詳議可否。此國之大事。不獨爲一身。明年遂罷遣唐使。狀其時日僧來往。尙不乏人。唐韋莊吳融有送僧歸日本詩。韋爲昭宗龍紀初年進士。吳亦唐末聞人。均官翰林承旨。

韋詩送僧敬龍云。扶桑已在渺茫中。家在扶桑東更東。此去與師誰共到。一船明月一帆風。

吳詩云。滄溟分故國。渺渺泛杯歸。天盡終期到。人生此別稀。無風亦駭浪。未午已斜暉。繫帛何須雁。金烏日日飛。

以上唐代二百九十年。日人朝貢長安可考者。凡十五次。東紀略謂日派使游十二次而學生學問僧不計也。懿僖以後。唐室日衰。中原多故。日使不來。而商人李延孝等通商至日京者。其事日多。昭宗季年。日本以菅原道眞之請。停止遣使。唐室旋亡。然日本沿用唐人文化。習爲故然矣。自此以後。歷宋元明日本與中土消息。日益相接。宋之朱子。明之陽明。日本又移植於東瀛。受其薰陶矣。獨怪新羅高麗。與中國陸地銜接。往來便利。無事海船之艱險。終唐之世。與日本分道來往長安。而新羅不祀。高麗至清季。終見並於日本。無進步之可言。此則不能不爲兩國惜也。

二十三 日人留學生留學僧之留學年數　學僧之譯者　留學之娶唐婦

交通史云。日本文武朝武后神功元年以前遣唐留學生留學期最久。至二三十年者不少。文武朝以後。奈良朝之留學生學期亦長。至平安朝學期多爲一二年。過五年期者甚少。留學中之還學生學僧。請益生請益僧。亦此時有之。如菅原梶成。明醫經。精診察。仍有疑義。必須請問。故爲仁明朝（唐太和八年）之請益生。又其時僧圓仁撰延麻寺未決之疑義三十條。入唐就碩德以決疑。又大判事興原敏久等抄出刑法難義數十事。入唐問明法博士讚岐永直（按此爲日語）以決釋。而就本編所知。留學之福因惠明玄理清安惠隱廣濟七人在長安凡三十二年。曰文則二十五年。歸國以後。孝德主之大化維新。皆諸人所推行。吉備眞備留長安十八年經術禮樂律歷諸書。皆其搜集。使臣仲麿。改名晁衡。留長安五十四年。以工詩聞名。最少則高。階遠成橘逸勢僧空海留長安或一二年或僅數月。而空海學聞獨著。其獻竇應五紀。者爲留長安之錄事羽粟臣儀。發明唐律者。爲使臣多治比縣守。請仿唐以文宣王謚孔子者。則學生膳大邱。其人學棋於長安者。有少勝雄國王子學琵琶者。有藤原貞敏。其他學生巨勢藥冰老人等。爲孝德朝所遣送。皆歸國後之重要人物也。其在中土傳授日本學生者。若王化言之音韻。顧師言之國奕。在中籍記載甚少。而當時佚失不傳者。又不知凡幾。

二十四　學僧之爲譯事者

學僧入唐爲譯語者。濟詮曾學漢語。入唐時。先謁圓珍僧最澄入唐。其徒義眞。略通漢語。圓珍留學時。以其同行在唐九年之丁雄萬爲譯者。（圓仁入唐巡禮行記云）始名丁勝。小麿。後改名丁雄萬。（圓仁行曆抄中有丁萬）於承和五年（唐開成三年）爲遣唐舶水手入唐。又爲僧圓仁弟子。相從巡拜五台。留學長安。圓仁在唐九年。常隨從之。仁壽三年（唐大中六年）又爲僧圓珍譯者。再入唐。

日本靈仙三藏行曆考云。唐元和五年（日本弘仁元年）靈仙在長安醴泉寺。與罽賓國三藏賜紫沙門般若三藏等。翻譯大乘心地觀經梵夾。後居五台山中數年。在靈境寺被毒殺。（東洋學報第三卷第三號妻木直良氏闡明其事蹟）

留學僧在唐娶婦生子者。書紀云。白雉五年（唐永徽五年）別倭種韓智興趙元寶附遣唐使來日。爲日留學生娶唐婦所生之混血兒。大寶中以圍碁見寵於玄宗之僧辨正。在唐生朝慶朝元二子。朝元回日。襲父姓秦氏。聖武朝（唐開元十二年）爲入唐判官。（見懷風藻）

入唐僧留期最長者。圓仁八年。惠運圓珍五年。而奈良朝。或奈良以前。留唐

至二三十年者。只圓載。於承和五年唐開成三年從遣唐使入唐。至元慶元年唐乾符四年
歸國。途中船破溺死。見上智慧輪三藏决疑表餘見妻木直良所著唐代譯塲之日本僧

二十五　日學生學僧之携歸文獻物件

交通史云。日本奈良朝以前。留學生携來物品。無文獻可徵奈良朝留學生携來之物。一吉備眞備携歸唐禮一百三十卷大衍麻經一卷大衍麻立成十二卷。測影鐵尺一枚。銅律管一部。鐵如意。方響寫律管聲十二條。樂書要錄十二卷。絃纏漆角弓一張。馬上飲水漆角弓一張。露面漆四節角弓一張射甲箭二十隻。平射箭十隻

按今日本正倉院有唐鐵一只。當日本曲尺九寸八分又法隆寺有唐尺。當日本曲尺九寸七分八厘。當爲眞備購歸之一。正倉院又紅牙撥鏤尺。綠牙撥鏤尺。白牙尺各二鏤刻花鳥工麗絕倫。近人傳芸子正倉院考古記云此六尺見於天平勝寶八歲西元七五六年六月二十一日獻物帳中。確爲唐物無疑。

又考古逸叢書內。有日本現在書目錄。係當時吉備購回中國各書。其後日本寬

平時。即唐昭宗龍紀元年正五位下行陸奧守。兼上野權介。藤原朝臣佐世著錄。內稱吉備大臣。在唐國得各書。皆卷子本。合四十家。其書列下

易家百七十七如本　尚書家百十三家如本　詩家百六十六卷　禮家千百九卷如本　樂家二百七卷　春秋家三百七十卷　孝經家四十五卷　論語家二百六十九卷　異說家八十五卷　小學家目錄五百九十八卷　正史家千三百七十二卷　雜史家目錄六百十卷　古史家二百零十卷　霸史家百三十二卷　起居注家三十九卷　舊史家二十卷　職官家七十卷　儀注家　雜傳家四百三十七卷　刑法家目錄五百八十卷　土地家三百十八卷　譜系家十六卷　簿錄家二十二卷　儒家百三十四卷　道家四百五十八卷　法家三十八卷　名家如本　墨家如本　縱橫家　雜家　小說家　兵家二百四十二卷　天文家四百六十一卷　五行家九百十九卷　曆數家　醫方家千三百九卷　別集家千五百六十八卷　惣集家千五百六十八卷　楚辭家三十三卷

其書爲部一千五百七十九。爲卷一萬六千七百九十。分四十家七緯不著卷數。光緒十年。出使日本黎庶昌氏。據以刊古逸叢書二百卷。此書目即在所刻二十六種之中。

又考唐人書籍。流入日本者。據宋史日本傳。宋雍熙元年日本僧奝然浮海來獻銅器。又得孝經鄭氏注一卷越王孝經新義第十五一卷。唐太宗子越王貞也新義者。其記室參軍任希古所撰也。此中土典籍。初見存於日本者。至清代中日互駐使臣。光緒初。黎庶昌氏。既刻爲古逸叢書。同時楊守敬氏別刻日本訪書志補。搜其未備。而日本人亦自刊佚存叢書。近年日本漢學專家後藤虎氏又發中土未見之書多種。其見於阮氏四庫未收書提要者。更無論矣。

二玄昉攜歸經論五千餘卷及諸佛像

三行賀攜歸聖敎要文五百餘卷

四空海攜歸新譯經等一百四十二部。二百四十卷梵字眞言讚等四十二部。四十四卷論疏三十二部。百七十卷胎藏金剛界等曼荼羅祖師影等十鋪眞言道具九種。惠果阿闍梨付囑物十三種。

空海攜歸曼荼羅五鋪並金剛智善無畏不空金剛惠果一行等五師眞像。今存於日本京都。敎王護國寺。五像已朽損剝落。惟不空金剛像較爲完全。金剛智。善無畏。不空金剛三印度像皆用飛白體書梵漢兩名。惠果一行僧。僅書漢名。像下各載其行狀。據段成式寺塔記畫此像之李眞。畫長安寺壁名震一時。濃淡之間極見意匠。唐代人物畫之唯一標本也。

五圓仁携歸四百二十三部。五百五十九卷胎藏金剛州曼荼羅諸尊壇樣道具等二十一種。

六最澄携歸書法十七種今錄十四種趙模千字文（大唐石搨）大唐聖教序（同上）眞草千字文（同上）天后聖教碑（同上）台州龍興寺碑（同上）潤州牛頭山第六祖師碑（同上）王羲之十八帖（同上）開元神武皇帝書法（鶺鴒大唐石搨）歐陽詢書法（大唐石搨二枚）王獻之書法（同上一枚）褚遂良集一枚（大唐石搨）安西內出碑（同上）梁武帝評書（同上）天台佛窟和上書法一枚（眞迹）

宗叡書寫請來法門等目錄。都利聿斯經五卷。七曜禳災法一卷。七曜二十八宿曆一卷。七曜曆日一卷。六壬名例立成歌二卷。明鏡連珠十卷。秘錄藥方六卷（兩策子）削繁加要書儀一卷。元和年中有（有一作者）西川印子唐韻五卷。同印子玉篇三十卷。

七大唐新修宣（原注當作定）公卿士庶內族吉凶書儀卅卷。鄭餘慶修定開元詩格一卷。祇對儀一卷。判一百條（一作修）一卷駱賓王撰祝無膺詩集一卷。杭越定和詩集一卷。詩集一卷。法華經二十八品七言詩一卷（以上揚州求得）嗣安集一卷。百司舉要一卷。兩京新記三卷。皇帝拜南郊儀注一卷。丹鳳樓賦一卷。詩贈格一卷。私（當作杭）越唱和詩一卷。進士章嶝集一卷。僕郡集一卷。莊（當作李）翺集一卷。李張集一卷。杜員外集二卷臺（一作素）山集雜詩一卷白家詩集六卷（以上長安求得）

八惠萼於於承和十一年第二次入唐携歸白氏文集

二十六　日人來長安之禮接客館　學僧之住寺與歸後之模仿

日本使臣來長安後。唐帝禮見於含元殿。或宣政殿。其宴賞在麟德三殿。至留學生之安置。以唐書百官志考之。當在鴻臚客館。其求五經之學者。當在國子諸學。若學問僧請益僧之寄居。以交通史考之。

定惠（一作貞慧）　住惠日道場

空海　住青龍寺西明寺

靈仙　住醴泉寺
圓行　住青龍寺
圓仁　住大慈恩寺青龍寺福壽寺龍興寺鎭國寺
惠運一作慧雲　住青龍寺
圓珍　住青龍寺大興善寺
永忠　住西明寺
眞如法親王　住西明寺
以上爲日僧之流寓長安大寺者。唐長安寺。以慈恩薦福在朱雀街東西明大總持在朱雀街西爲冠。外有興善寺。青龍寺。初名觀音寺爲隋文帝所創建。唐太宗建興聖寺。普光寺。弘福寺。高宗建大慈恩寺。西明寺。則天建薦福寺。玄宗建開元寺。代宗建章敬寺。規模皆極一時之盛。武宗會昌年。廢天下佛寺。京都惟留慈恩薦福西明莊嚴。即總持寺其偉大可以想見。日僧留學。慕其巨觀。故歸國後于日本平城京。建太安寺。以仿唐西明寺。奈良朝之國分寺即東大寺。或以仿唐之龍興寺。或以爲仿開元寺。要皆慕長安名寺以仿造也。參交通史日本人自唐代來長安後。未聞再游之事。至清代光緒庚子後。再行變法。設立學堂。陝西西安三原。各許高等學堂。聘日本四人爲敎習。始有日本人蹤跡。而足立喜六氏在西安數年。偏訪漢唐故蹟。成長安史迹研究一書。此外那波利貞。有盛唐之長安。上相三平有唐代古遺物之研究。內藤虎有唐代文化與天平文化。日本人。不忘長安如此。今著此編。以餉國人之願聞長安故事者。

日本使人往來長安簡明表

紀年	來長安諸人	回國諸人	說明
隋煬帝大業十三年	使臣小野妹子副使鞍作福利 學生福因惠明玄理 大國僧旻清安惠隱廣濟		
大業十四年		四月妹子回	
恭帝皇泰元年			
唐高祖武德三年	同上		
四年	同上		
五年	同上		
六年	餘同上	七月僧惠濟道元醫惠明福因	
七年	同上	同	
八年	同上		
九年	同上		
太宗貞觀元年	同上		
二年	同上		
三年	同上		
四年	使臣犬上田耜藥師惠日		
五年	同上		

六年	餘同上	僧旻靈雲回	僧旻留學凡二十六年
七年	同上		
八年	同上		
九年	同上		
十年	同上		
十一年	同上		
十二年	同上		
十三年	同上		
十四年		惠隱淸安玄理回	惠隱等從新羅使回凡留學三十四年
十五年			
十六年			
十七年			
十八年			
十九年			
二十年			
二十一年			
二十二年			
二十三年			
高宗永徽元年			

二年			
三年			
四年	大使吉士長丹　學生巨勢臣藥氷老人僧道嚴道昭道光志施覺勝辨正惠照僧忍道福		道昭留唐七年
五年	大使河邊麿　副藥師惠日書麿　高向玄理		
六年	學僧留	玄理卒　吉士長丹等回	
顯慶元年	同上		
二年	同上		
三年	同上		
四年	大使阪合部石布吉祥學僧智通智達等從	僧道昭回	
五年	同上		
龍朔元年	同上		
二年	同上		
三年	同上		
麟德元年	劉仁軌使人至日本		
二年	同上		
乾封元年	同上		
二年	同上		
總章元年	同上		

二年	同上		
咸亨元年	日使賀平高麗		
二年	同上		
三年	同上		
四年	同上		
上元元年	同上		
二年	同上		
儀鳳元年	同上		
二年	同上		
調露元年		學僧定慧道光回	道光當爲二次由唐回
永隆元年			
開耀元年			
永淳元年			
弘道元年			
中宗嗣聖元年			
武后垂拱元年			
二年			
三年			
四年			

永昌元年		
天授元年		
二年		
如意元年		
二年		
延載元年		
天册萬歲元年		
萬歲通天元年		
神功元年		
聖歷元年		
二年		
久視元年		
大足元年		
長安元年	僧道慈來求經	
二年	大使粟田朝臣眞人 高橋笠 閣 副阪合部大分 僧智鳳智鸞智雄入唐	
三年		
四年		眞人等回
中宗神龍元年		
二年		

景龍元年		
二年		
三年		
睿宗景雲元年		
二年		
大極元年		
玄宗開元元年		
二年		
三年		
四年	押使治多比縣守大使阿部安麿副籐原馬養餘官七八學生阿部仲麿吉備眞備僧元昉來	
五年	同上	
六年	仲麻呂眞備留	
七年	同上	
八年		縣守等回
九年	同上	
十年	同上	
十一年	同上	
十二年	同上	

十三年	同上		
十四年	同上		
十五年	同上		
十六年	同上		
十七年	同上		
十八年	同上		
十九年	同上		
二十年	大使多治比廣成副中臣名代		
二十一年	同上		
二十二年	仲麿留　中臣名代留	廣成眞備　僧元昉回	眞備元昉留長安凡十八年玄宗嘗賜元昉紫袈裟
二十三年	仲麿留　同上		
二十四年		中臣名代回	
二十五年	仲麿留		
二十六年	仲麿留		
二十七年	仲麿留		
二十八年	仲麿留		
二十九年	仲麿留		
天寶元年	膳大郎		

二年	仲麿留	
三年	仲麿留	
四載	仲麿留	
五載	仲麿留	
六載	仲麿留	
七載	仲麿留	
八載	仲麿留	
九載	大使籐原清河　副古麿吉備眞備	
十載	仲麿留	
十一載		清河等回　仲麿請還
十二載	清河仲麿船漂不歸復來	
十三載	仲麿留	
十四載	仲麿留	
肅宗至德元載	仲麿留	
二載	仲麿留	
乾元元年	仲麿留	
二年	高元度	
上元元年	仲麿留	
二年	同上仲麿留	

寶應元年	同上仲麿留		
代宗廣德元年	仲麿留	高元度回	
二年	仲麿留		
永泰元年	仲麿留		
大歷元年	仲麿留		
二年	仲麿留		
三年	仲麿留		
四年	仲麿卒		仲麿改名晁衡開元四年來唐留五十四年至是年卒
五年			
六年			
七年			
八年			
九年	大神益立		
十年			
十一年			
十二年	籐原鷹取 小野石根 大神末足 小野洪野		
十三年			
十四年		未足等回唐以孫興晉爲押送使	
德宗建中元年	使臣眞人興能		

二年	送客使布勢清直	布勢清直回
三年		
四年		
興元元年		
貞元元年	學生永忠來留在北平	
二年	永忠留	
三年	永忠	
四年	僧最澄入唐永忠留	
五年	同上	
六年	同上	
七年	同上	
八年	同上	
九年	同上	
十年	同上	
十一年	同上	
十二年	同上	
十三年	同上	
十四年	同上	
十五年	同上	

十六年	同上		
十七年	同上		
十八年	同上		
十九年	大使藤原葛野麿　副石川道益　菅原淸公　高階眞人遠成　少勝雄　僧空海　學生橘逸勢		
二十年	僧澄在唐	葛野等同僧永忠隨行	
順宗永貞元年		最澄永忠同	永忠留學二十餘年僧澄留十八年
憲宗元和元年		遠成　橘逸勢空海	
二年			
三年			
四年			
五年			
六年			
七年			
八年			
九年			
十年			
十一年			
十二年			

十三年	
十四年	
十五年	
穆宗長慶元年	
二年	
三年	
四年	
敬宗寶曆元年	
二年	
文宗太和元年	
二年	
三年	
四年	
五年	
六年	
七年	
八年	使臣篠原常嗣發船遭風返國
九年	
開成元年	

二年			
三年	常嗣　長岑高名		
四年		長嗣等回	
五年	圓仁在長安		
武宗會昌元年	同上		
二年	同上		
三年	同上		
四年	同上		
五年	同上		
六年	同上		
宣宗大中元年	同上		
二年	同上		
三年	同上		
四年	同上		
五年	同上		
六年		圓仁回	圓仁留唐凡十四年
七年	國王子來		
八年			
九年	僧圓仁再來　僧圓珍		

十年			
十一年			
十二年		圓珍回	圓珍留唐四年
僖宗光啓二年	僧容入唐以後無考		